Michael Löwy
ad Walter Benjamin

Michael Löwy

ad Walter Benjamin
Die Revolution als Notbremse
Essays

Europäische Verlagsanstalt

Bibliografische Information der Deutschen Nationalbibliothek
Die Deutsche Nationalbibliothek verzeichnet diese Publikation in der Deutschen Nationalbibliografie; detaillierte bibliografische Daten sind im Internet über http://dnb.d-nb.de abrufbar.

Umschlaggestaltung und Satz: Christian Wöhrl, Hoisdorf
Coverfoto: bpk Berlin | IMEC, Fonds MCC | Gisèle Freund
Signet: Dorothee Wallner nach Caspar Neher »Europa« (1945)

Printed in Germany

ISBN 978-3-86393-132-2

Auch als E-Book erhältlich, ISBN 978-3-86393-590-0

Informationen zu unserem Verlagsprogramm
finden Sie im Internet unter
www.europaeischeverlagsanstalt.de

Inhalt

Vorwort

Ich entdeckte Walter Benjamin um 1978, als ich begann, über den revolutionären Messianismus in der jüdischen Kultur Mitteleuropas zu arbeiten. Besonders getroffen – im Sinne eines Schlages – hat mich die Entdeckung der Thesen *Über den Begriff der Geschichte* (1940). Ich berichte darüber in dem Buch, das ich diesem einmaligen Dokument gewidmet habe, das ich für einen der wichtigsten Texte des kritischen Denkens seit Marx' Thesen über Feuerbach (1845)[1] halte. Auf meinem intellektuellen Weg gibt es ein *vor* und ein *nach* dieser *profanen Erleuchtung.*

Von da an begann ich, viele andere Schriften Benjamins zu lesen, zu studieren, zu diskutieren und zu durchdenken, um seinen geistigen und politischen Weg besser zu verstehen. Die in diesem Band versammelten Essays sind das Ergebnis dieser Versuche, die sich über zwei Jahrhunderte erstrecken (das zwanzigste und das einundzwanzigste). Für diese Ausgabe wurden sie leicht überarbeitet und aktualisiert. Wie aus dem Inhaltsverzeichnis erkennbar, sind die behandelten Themen äußerst vielfältig und bezeugen eine sehr selektive Lektüre: Einige der wichtigsten oder bekanntesten Schriften Benjamins werden nicht einmal erwähnt.

Gibt es einen Leitfaden – im elektrischen Sinne des Wortes – in dieser willkürlichen, bunten und gemischten Sammlung? Vielleicht. Wenn es einen gemeinsamen Nenner, eine durchgehende Problematik, einen magnetischen Kompass gibt, dann ist es wahrscheinlich die *Idee der Revolution* bei Walter Benjamin. Handelt es sich also um eine politische Lektüre (einiger) seiner Schriften? Ja, vorausgesetzt, wir verstehen Politik nicht im üblichen Sinne als das Handeln von Staaten, als Rolle von Institutionen, Wahlen, Parlamenten usw., sondern – in den dem Verfasser der *Thesen* eigenen, besonderen, untrennbar sozialen, politischen, kulturellen, moralischen, geistigen und theologischen Begriffen – als historische Erinnerung an Kämpfe und Niederlagen, als Aufruf zum erlösenden Handeln der Unterdrückten.

In dieser Form (sie ist nicht die von Politikwissenschaftlern, politischen Parteien oder Regierungsmanagern) ist „Politik" in allen Überlegungen Benjamins präsent, die in dieser Sammlung behandelt werden – nicht nur in denen über Marx, den Anarchismus oder den Kapitalismus, sondern auch in denen über den Surrealismus, die Theologie, den Urbanismus von Haussmann, die Natur als großzügige Mutter oder die Geschichte Lateinamerikas.

Ab 1924, mit der Lektüre von Georg Lukács' *Geschichte und Klassenbewußtsein* (1923) und der Begegnung mit der lettischen Bolschewisten Asja Lacis, wurde der Marxismus – oder der „historische Materialismus" – zu einem wesentlichen Bestandteil von Benjamins Denken, oder besser gesagt, von seinem *Sitz-im-Leben*[2]. Gleichzeitig verschwindet, wie wir zu zeigen versuchen werden, die anarchistische Dimension nicht aus seinem intellektuellen Horizont, sondern verknüpft sich in verschiedenen Formen mit dem Marxschen Erbe.

Dasselbe gilt für seine romantische Weltanschauung und seine tiefe Beziehung zum jüdischen Messianismus, die sein Freund Gershom Scholem zu Recht hervorhebt.

Die meisten dieser Aufsätze haben auf die eine oder andere Weise mit seiner völlig heterodoxen, höchst selektiven und manchmal wunderbar willkürlichen Neuinterpretation des Marxismus zu tun. Benjamin kritisiert Marx nur selten: Er greift meistens seine Epigonen, Sozialdemokraten oder – nach 1939 – Stalinisten an. Eine der wenigen ausdrücklichen Distanzierungen vom Autor des *Kommunistischen Manifests* ist jedoch wichtig: Sie betrifft Benjamins neue Definition der Revolution, nicht als „Lokomotive der Weltgeschichte", sondern vielmehr als „Notbremse" einer Welt, die ihrem Untergang entgegengenrast. Deshalb haben wir sie als Titel für diese Sammlung gewählt.

Das soll natürlich nicht heißen, dass seine vormarxistischen politischen Schriften belanglos wären: Einer seiner interessantesten, aktuellsten, entschiedensten und treffendsten Texte ist das Fragment *Kapitalismus als Religion* (1921), das Marx gegenüber völlig fremd, wenn nicht gar ablehnend ist. In diesem Text bezieht sich Benjamin hauptsächlich auf Max Weber, aber ich denke, man kann ihn im politisch-theologischen Universum des anarchistischen religiösen Atheismus zum Beispiel eines Gustav Landauer ansiedeln, von dem die Rede sein wird.

Dieser „politische" Aspekt ist bei weitem nicht sein einziger Schwerpunkt. Seine philosophischen oder literarischen Forschungen, seine Neugierde, seine Leidenschaften sind unendlich vielfältig: Sie schließen nicht nur die deutsche Romantik (Doktorarbeit) und das Barockdrama ein (Habilitationsschrift, die von der Universität abgelehnt wurde), sondern auch Sprach- und Übersetzungstheorien, Kindheitserinnerungen, Kinderbücher und Spielzeug, Film, Pariser Passagen, Mode und natürlich Literatur, von Goethe und Hölderlin bis zu Dostojewski und Brecht, oder Fragen des Judentums und des Messianismus – diese Aufzählung ist bei Weitem nicht vollständig.

Entfernt man jedoch aus seinem Denken die subversive, revolutionäre, ja sogar aufständische Dimension, wie es leider sehr oft in akademischen Arbeiten über sein Werk der Fall ist, entgeht einem etwas Wesentliches, Kostbares, Unschätzbares, das Walter Benjamin zu einer besonderen, ja einmaligen Gestalt macht, zu einem brennenden Kometen, der das kulturelle Firmament des zwanzigsten Jahrhunderts durchquert, bevor er in Port Bou an den Ufern des Mittelmeers erlischt. Diese bescheidene Sammlung soll dazu beitragen, diese explosive Seite seiner philosophischen Alchemie herauszustellen.

Kapitalismus als Religion

Walter Benjamin und Max Weber

Unter den 1985 von Ralph Tiedemann und Hermann Schweppenhäuser in Band VI der *Gesammelten Schriften* herausgegebenen Dokumenten Walter Benjamins befindet sich ein besonders dunkler, aber erstaunlich aktueller Text: *Kapitalismus als Religion.* Er ist drei oder vier Seiten lang und enthält sowohl Anmerkungen als auch bibliografische Hinweise; der Text ist dicht, paradox, manchmal hermetisch und nicht leicht zu entziffern. Da er nicht zur Veröffentlichung bestimmt war, hielt es Benjamin natürlich auch nicht für nötig, ihn lesbar und verständlich zu machen. Die folgenden Bemerkungen sind ein partieller Interpretationsversuch, der eher auf Hypothesen als auf Gewissheiten beruht und bestimmte „Grauzonen" bewusst ausspart.

Der Titel des Fragments ist direkt aus Ernst Blochs 1921 veröffentlichtem Buch *Thomas Münzer als Theologe der Revolution* entliehen. Am Ende des Calvin gewidmeten Kapitels erkennt Bloch in der Lehre des Genfer Reformators eine Manipulation, die den „vollkommenen Abfall vom Christentum, ja Elemente einer neuen ‚Religion': des Kapitalismus als Religion und Mammonskirche brachte".[1]

Wir wissen, dass Benjamin dieses Buch gelesen hat, denn in einem Brief an Gershom Scholem vom 27. November 1921 schreibt er: „Die vollständige Korrektur vom ‚Münzer' wurde mir neulich bei seinem [Blochs] ersten Besuch hier überreicht und ich habe zu lesen begonnen".[2]

Das Fragment scheint also nicht, wie von den Herausgebern angegeben, „bis um Mitte 1921", sondern eher „Ende 1921" verfasst worden zu sein. Nebenbei gesagt teilte Benjamin keineswegs die These seines Freundes vom calvinistisch-protestantischen Verrat am wahren Geist des Christentums.[3]

Benjamins Text ist offensichtlich von Max Webers *Die protestantische Ethik und der Geist des Kapitalismus* inspiriert. Dieser Autor wird zweimal zitiert: zunächst im Korpus des Dokuments, dann in den bibliographischen Anmerkungen, wo auch die 1920 erschienene Ausgabe der *Gesammelten Aufsätze zur Religionssoziologie* erwähnt wird, sowie das 1912 erschienene Werk von Ernst Troeltsch *Die Soziallehren der christlichen Kirchen und Gruppen*, das in der Frage nach dem Ursprung des Kapitalismus Thesen vertritt, die mehr oder weniger mit denen Webers identisch sind. Allerdings geht Benjamins Argumentation, wie wir sehen werden, weit über Weber hinaus, und vor allem ersetzt er dessen „wertfreien" Ansatz durch eine heftige antikapitalistische Anklage.

„Im Kapitalismus ist eine Religion zu erblicken". Mit dieser kategorischen Aussage beginnt das Fragment. Es folgt ein Verweis auf, aber auch eine Distanzierung von Weber: „Der Nachweis dieser religiösen Struktur des Kapitalismus, nicht nur, wie Weber meint, als eines religiös bedingten Gebildes, sondern als einer essentiell religiösen Erscheinung, würde heute noch auf den Abweg einer maßlosen

Universalpolemik führen." Später im Text taucht derselbe Gedanke wieder auf, aber in etwas abgeschwächter Form, im Grunde näher am Weberschen Argument: „Das Christentum zur Reformationszeit hat nicht das Aufkommen des Kapitalismus begünstigt, sondern es hat sich in den Kapitalismus umgewandelt." Das ist gar nicht so weit entfernt von der Schlussfolgerung der *Protestantischen Ethik*! Bahnbrechender ist der Gedanke der religiösen Natur des kapitalistischen Systems selbst: Das ist eine viel radikalere These als die von Weber, auch wenn sie auf vielen Elementen seiner Analyse aufbaut. Benjamin fährt fort: „Wir können das Netz in dem wir stehen nicht zuziehn. Später wird dies jedoch überblickt werden." Ein seltsames Argument! Inwiefern sperrt ihn diese Beweisführung in das kapitalistische Netz ein? Der Punkt wird nicht „später" behandelt, sondern sofort, in einem formgerechten Nachweis des religiösen Charakters des Kapitalismus: „Drei Züge jedoch sind schon in der Gegenwart an dieser religiösen Struktur des Kapitalismus erkennbar." Benjamin zitiert Weber nicht mehr, die drei Punkte greifen jedoch die Ideen und Argumente des Soziologen auf, wobei sie ihnen sozial und politisch, aber auch philosophisch (theologisch?) eine neue, unendlich kritischere, radikalere Tragweite geben – die im krassen Gegensatz zu Webers These der Säkularisierung steht.

> „Erstens ist der Kapitalismus eine reine Kultreligion, vielleicht die extremste, die es je gegeben hat. Es hat in ihm alles nur unmittelbar

> mit Beziehung auf den Kultus Bedeutung, er kennt keine spezielle Dogmatik, keine Theologie. Der Utilitarismus gewinnt unter diesem Gesichtspunkt seine religiöse Färbung."[4]

Die utilitaristischen Praktiken des Kapitalismus – Kapitalinvestitionen, Spekulationen, Finanzoperationen, Börsenmanöver, Kauf und Verkauf von Waren – sind das Äquivalent eines religiösen Kults. Der Kapitalismus verlangt kein Bekennen zu einem Glauben, einer Doktrin oder einer „Theologie"; was zählt, sind die Handlungen, die aufgrund ihrer sozialen Dynamik kultischen Praktiken gleichkommen. Benjamin, ein wenig im Widerspruch zu seiner Argumentation über die Reformation und das Christentum, vergleicht diese kapitalistische Religion mit dem ursprünglichen Heidentum, das ebenfalls „unmittelbar praktisch" und ohne „transzendente" Ansprüche ist.

Aber was erlaubt ihm, kapitalistische Wirtschaftspraktiken mit einem „Kult" gleichzusetzen? Benjamin erklärt dies nicht, aber ein paar Zeilen weiter verwendet er den Begriff „des Verehrenden"; wir können also annehmen, dass der kapitalistische Kult bestimmte Gottheiten umfasst, die Gegenstand der Anbetung sind. Zum Beispiel: „Vergleich zwischen den Heiligenbildern verschiedner Religionen einerseits und den Banknoten verschiedner Staaten andererseits". Geld in Papierform wäre somit Gegenstand eines ähnlichen Kultes wie die Heiligen der „gewöhnlichen" Religionen. Interessanterweise vergleicht Benjamin in einer Passage der *Einbahnstraße* Banknoten, die den Kapitalismus „in seinem heiligen Ernst" widerspiegeln, mit der „Fassadenarchitektur der Hölle".[5] Es sei daran erinnert, dass am Tor – oder der Fassade – von Dantes Hölle zu lesen ist *Lasciate ogni speranza, voi ch'entrate* [„Lasst alle Hoffnung fahren, ihr, die ihr eintretet"]; nach Marx sind dies die Worte, die der Kapitalist an den Eingang der Fabrik schreibt, an die Arbeiter gerichtet. Wir werden später sehen, dass für Benjamin die *Verzweiflung* der religiöse Zustand der Welt im Kapitalismus ist.

Das Papiergeld ist jedoch nur eine Erscheinungsform einer viel grundlegenderen Gottheit im kapitalistischen Kultsystem: *das Geld*, der Gott Mammon, oder, in Benjamins Worten, „Plutos als Gott des Reichtums". In der Bibliografie des Fragments wird eine virulente Passage gegen die religiöse Macht des Geldes erwähnt: Sie findet sich im Buch *Aufruf zum Sozialismus* des jüdisch-deutschen anarchistischen Denkers Gustav Landauer, das 1919, kurz vor der Ermordung seines Autors durch konterrevolutionäre Soldaten, zum zweiten Mal veröffentlicht wurde. Auf der Seite, die in Benjamins bibliographischem Eintrag angegeben ist, schreibt Landauer:

> „Fritz Mauthner (*Wörterbuch der Philosophie*) hat gezeigt, daß das Wort ‚Gott' ursprünglich identisch ist mit dem Wort Götze, und daß beides der ‚Gegossene' heißt. Gott ist ein von den Menschen gemachtes Erzeugnis, das

> Leben gewinnt, Leben der Menschen an sich zieht und schließlich mächtiger wird als die Menschheit.
>
> Der einzige Gegossene, der einzige Götze, der einzige Gott, den die Menschen je leibhaft zustande gebracht haben, ist das Geld. Das Geld ist künstlich und ist lebendig, das Geld zeugt Geld und Geld und Geld, das Geld hat alle Kräfte der Welt.
>
> Wer aber sieht nicht, wer aber sieht heute noch immer nicht, daß das Geld, daß der Gott nichts anderes als der aus dem Menschen herausgetretene und zum lebendigen Ding, zum Unding gewordene Geist ist, daß es der zum Wahnsinn gewordene Sinn unseres Lebens ist? Das Geld schafft nicht Reichtum, das Geld ist Reichtum; ist Reichtum für sich; es gibt keinen Reichen als Geld."[6]

Wir wissen zwar nicht, inwieweit Benjamin Landauers Überlegung teilte, aber wir können diese in der Bibliographie erwähnte Passage als Beispiel dafür nehmen, was er unter „kultischen Praktiken" des Kapitalismus verstand. Aus marxistischer Sicht ist das Geld nur eine – und nicht die wichtigste – Erscheinungsform des Kapitals, aber Benjamin stand 1921 dem romantischen und libertären Sozialismus eines Gustav Landauer – oder eines Georges Sorel – viel näher als Karl Marx und Friedrich Engels. Erst später, im *Passagen-Werk*, greift er auf Marx zurück, um den fetischistischen Kult der Ware zu kritisieren und die Pariser Passagen als

„Tempel des Warenkapitals" zu analysieren. Dennoch gibt es eine gewisse Kontinuität zwischen dem Fragment von 1921 und den Notizen des unvollendeten großen Buches aus den 1930er Jahren.

Geld – Gold oder Papier –, Reichtum, Waren wären also einige der Gottheiten oder Götzen der kapitalistischen Religion, und ihr „praktischer" Gebrauch im kapitalistischen Alltag stellt eine Gesamtheit kultischer Äußerungen dar, außerhalb derer „nichts eine Bedeutung hat".

Der zweite Zug des Kapitalismus hängt mit dieser Konkretion des Kults zusammen: „die permanente Dauer des Kultus. Der Kapitalismus ist die Zelebrierung eines Kultes *sans rêve et sans merci („ohne Traum noch Gnade").* Es gibt da keinen ‚Wochentag', keinen Tag, der nicht Festtag in dem fürchterlichen Sinne der Entfaltung allen sakralen Pompes, der äußersten Anspannung des Verehrenden wäre." Es ist wahrscheinlich, dass Benjamin sich von der *Protestantischen Ethik* und ihren Analysen der methodischen Verhaltensregeln des Calvinismus/Kapitalismus anregen ließ, von der permanenten Kontrolle über die Lebensführung, die sich insbesondere durch die „religiöse Wertung der *rastlosen, stetigen, systematischen*, weltlichen Berufsarbeit"[7] ausgeübt wird. Unermüdlich, unablässig und gnadenlos: Webers Idee wird von Benjamin fast wortwörtlich übernommen; übrigens nicht ohne Ironie, wenn er die Dauerhaftigkeit von „Festtagen" anführt: In Wirklichkeit haben die puritanischen Kapitalisten die meisten katholischen Feiertage, die als Anreiz zum Müßiggang galten, abgeschafft. In der kapitalistischen Religion wird also jeden Tag „sakraler Pomp" entfaltet, d.h. die Rituale der Börse oder der Fabrik, während die Verehrenden mit Angst und „äußerster Anspannung" den Anstieg oder Fall der Aktienkurse verfolgen. Die kapitalistischen Praktiken kennen keine Pause, sie beherrschen das Leben der Menschen von morgens bis abends, von Frühling bis Winter, von der Wiege bis zur Bahre. Wie Burkhardt Lindner zu Recht bemerkt, entlehnt das Fragment von Weber die Vorstellung vom Kapitalismus als „eines dynamisch unaufhaltsamen, global expandierenden"[8] Systems, dem man sich nicht entziehen kann.

Das dritte Merkmal des Kapitalismus als Religion ist schließlich sein schulderzeugender Charakter: „Der Kapitalismus ist vermutlich der erste Fall eines nicht entsühnenden, sondern verschuldenden Kultus." Man kann sich fragen, was in Benjamins Augen ein Beispiel für einen „entsühnenden Kult" wäre, der im Gegensatz zum Geist der kapitalistischen Religion stünde. Da das Christentum im Fragment als vom Kapitalismus untrennbar betrachtet wird, könnte es sich um das Judentum handeln, dessen wichtigster Feiertag, wie man weiß, *Jom Kippur* ist, im Allgemeinen als „Tag der Vergebung" bezeichnet, dessen genauere Übersetzung aber „Tag der Sühne" wäre. Dies ist jedoch nur eine Hypothese und nichts im Text deutet darauf hin.

Benjamin fährt mit seiner Anklage gegen die kapitalistische Religion fort: „Hierin steht dieses Religionssystem im Sturz einer ungeheuren Bewegung. Ein ungeheures Schuldbewußtsein das sich nicht zu entsühnen weiß, greift zum Kultus, um in ihm diese Schuld nicht zu sühnen, sondern universal zu machen, dem Bewusstsein sie einzuhämmern und endlich und vor allem den Gott selbst in diese Schuld einzubegreifen[,] um endlich ihn selbst an der Entsühnung zu interessieren." In diesem Zusammenhang bezieht sich Benjamin auf das, was er als die „dämonische Doppeldeutigkeit des Wortes Schuld", d.h. sowohl „Schuld" (*dette*) als auch „Schuld" (*culpabilité*, die französische Übersetzung „*faute*" ist unzureichend). Nach Burkhard Lindner gründet die historische Perspektive des Fragments in der Prämisse, dass im System der kapitalistischen Religion die „mythische Schuld" nicht von der wirtschaftlichen Schuld zu trennen ist.[9]

Ähnlich argumentiert Max Weber, der mit den beiden Bedeutungen von *Pflicht* spielt: Für den puritanischen Bourgeois ist es „bedenklich, [...] etwas zu verausgaben zu einem Zweck, der nicht Gottes Ruhm, sondern dem eigenen Genuß gilt"; man wird also sowohl schuldig als auch *verschuldet* gegenüber Gott. „Der Gedanke der Verpflichtung des Menschen gegenüber seinem anvertrauten Besitz, dem er sich als dienender Verwalter [...] unterordnet, legt sich mit seiner erkältenden Schwere auf das Leben. Je größer der Besitz wird, desto schwerer wird [...] das Gefühl der Verantwortung dafür, ihn zu Gottes Ruhm [...] durch rastlose Arbeit zu vermehren."[10] Benjamins Formulierung, „dem Bewußtsein sie einzuhämmern", entspricht den von Weber analysierten puritanischen kapitalistischen Praktiken.

Aber mir scheint, dass Benjamins Argument allgemeiner ist: Nicht nur der Kapitalist ist schuldig und „verschuldet" sich gegenüber seinem Kapital: die Schuld ist universell. Die Armen sind schuldig, weil sie kein Geld verdient haben und verschuldet sind: Da der wirtschaftliche Erfolg für den Calvinisten ein Zeichen der Erwählung und des Seelenheils ist (vgl. Max Weber), ist der Arme per definitionem verdammt. Die *Schuld* ist umso universeller, als sie im kapitalistischen Zeitalter von Generation zu Generation weitergegeben wird, wie eine von Benjamin in der Bibliografie zitierte Passage von Adam Müller – einem romantisch-konservativen Sozialphilosophen, einem gnadenlosen Kritiker des Kapitalismus – zeigt: „das ökonomische Unglück, welches in früheren Zeiten von dem Geschlecht, das es betraf, unmittelbar getragen [...] wurde und dann mit den Leidenden dahin starb, sich nunmehr, seitdem alle Tat und Handlung in Golde ausgedrückt wird, in schweren und immer schwerer werdenden Schuldenmassen auf die Nachwelt wälzt".[11]

Gott selbst ist also in diese allgemeine Schuld verwickelt: Wenn die Armen schuldig und von der Gnade ausgeschlossen sind, und wenn sie im Kapitalismus zur sozialen Ausgrenzung verurteilt sind, dann ist es „der Wille Gottes", oder, der kapitalistischen Religion entsprechend, der Wille der Märkte. Nimmt man die Sicht dieser armen und verschuldeten Menschen ein, ist natürlich Gott der Schuldige, und mit ihm der Kapitalismus. In jedem Fall ist Gott untrennbar mit dem Prozess der universellen Schuld verbunden.

Bis hierher können wir den Weberschen Ausgangspunkt des Fragments in seiner Analyse des modernen Kapitalismus als einer Religion erkennen, die aus einer Transformation des Calvinismus entstanden ist; es gibt jedoch eine Passage, in der Benjamin dem Kapitalismus eine transhistorische Dimension zuzuschreiben scheint, die nicht mehr die von Weber – oder selbst von Marx – ist:

> „Der Kapitalismus hat sich – wie nicht allein am Calvinismus, sondern auch an den übrigen orthodoxen christlichen Richtungen zu erweisen sein muß – auf dem Christentum parasitär im Abendland entwickelt, dergestalt, daß zuletzt im wesentlichen seine Geschichte die seines Parasiten, des Kapitalismus, ist."

Benjamin liefert diesen Beweis nicht, aber in der Bibliografie verweist er auf *Der Geist der Bürgerlich-Kapitalistischen Gesellschaft* (1914), ein Buch, dessen Autor, ein gewisser Bruno Archibald Fuchs – vergeblich – in einer Polemik gegen Weber zu beweisen versucht, dass die Ursprünge der kapitalistischen Welt bereits in der Askese der Mönchsorden und in der päpstlichen Zentralisierung der mittelalterlichen Kirche zu finden seien.[12]

Das Ergebnis des „monströsen" Prozesses der kapitalistischen Schuldzuweisung ist die Verallgemeinerung der *Verzweiflung*: „Es liegt im Wesen dieser religiösen Bewegung, welche der Kapitalismus ist, das Aushalten bis ans Ende, bis an die endliche völlige Verschuldung Gottes, den erreichten Weltzustand der Verzweiflung auf die gerade noch *gehofft* wird. Darin liegt das historisch Unerhörte des Kapitalismus, daß Religion nicht mehr Reform des Seins sondern dessen Zertrümmerung ist. Die Ausweitung der Verzweiflung zum religiösen Weltzustand aus dem die Heilung zu erwarten sei."

Benjamin fügt, sich auf Nietzsche beziehend, hinzu, wir seien Zeugen des „Durchgang[s] des Planeten Mensch durch das Haus der Verzweiflung in der absoluten Einsamkeit seiner Bahn." Warum wird Nietzsche in dieser erstaunlichen, poetisch und astrologisch inspirierten Diagnose erwähnt? Wenn Verzweiflung die radikale Abwesenheit jeglicher Hoffnung ist, wird sie durch das *amor fati* perfekt repräsentiert, das der Philosoph mit dem Hammer in *Ecce Homo* predigt: „Meine Formel für die Grösse am Menschen ist *amor fati*: dass man Nichts anders haben will, vorwärts nicht, rückwärts nicht, in alle Ewigkeit nicht. Das Nothwendige nicht bloss ertragen [...], sondern es lieben."[13]

Zwar ist von Kapitalismus bei Nietzsche nicht die Rede. Es ist der Nietzscheaner Max Weber, der mit Resignation – aber nicht unbedingt mit Liebe – die Unausweichlichkeit des Kapitalismus als Schicksal der Moderne feststellen wird. Dies ist der Sinn der letzten Seiten der *Protestantischen Ethik*, wo Weber mit pessimistischem Fatalismus feststellt, dass der moderne Kapitalismus „heute den Lebensstil aller einzelnen, die in dies Triebwerk hineingeboren werden – *nicht* nur der direkt ökonomisch Erwerbstätigen –, mit überwältigendem Zwange bestimmt." Er vergleicht diesen Zwang mit einer Art Gefängnis, in dem das System der rationalen Warenproduktion den Einzelnen einschließt: „Nur wie ‚ein dünner Mantel, den man jederzeit abwerfen könnte', sollte nach Baxters Ansicht die Sorge um die äußeren Güter um die Schultern seiner Heiligen liegen. Aber aus dem Mantel ließ das Verhängnis ein stahlhartes Gehäuse werden."[14] Für den Ausdruck *stahlhartes Gehäuse* gibt es verschiedene Interpretationen oder Übersetzungen: für die einen ist es eine „Zelle", für die anderen ein Schneckenhaus, wie es die Schnecke auf ihrem Rücken trägt. Es ist jedoch wahrscheinlicher, dass Weber das Bild von dem englischen Puritaner Bunyan übernommen hat, der vom *„Eisenkäfig der Verzweiflung"* spricht.[15]

Haus der Verzweiflung, Stahlhartes Gehäuse, Eisenkäfig der Verzweiflung (Iron cage of despair): Von Weber bis Benjamin befinden wir uns in einem gleichen semantischen Feld, das die unbarmherzige Logik des kapitalistischen Systems beschreibt. Doch warum erzeugt es Verzweiflung? Auf diese Frage lassen sich verschiedene Antworten vermuten.

Zunächst weil der Kapitalismus, wie wir gesehen haben, sich selbst als die natürliche und notwendige Form der modernen Wirtschaft definiert und folglich keine andere Zukunft, keinen Ausweg, keine Alternative zulässt. Seine Kraft ist, wie

Weber schrieb, von „überwältigendem Zwang", und er stellt sich als ein unausweichliches *Schicksal (fatum)* dar.

Das System reduziert die große Mehrheit der Menschheit auf „Verdammte dieser Erde", die ihr Heil nicht von Gott erwarten können, da dieser selbst in ihrem Ausschluss von der Gnade eingeschlossen ist. Sie sind schuld an ihrem eigenen Schicksal und haben keine Hoffnung auf Erlösung. Der Gott der kapitalistischen Religion, das Geld, hat kein Erbarmen mit denjenigen, die kein Geld haben.

Der Kapitalismus ist der „Ruin des Seins", er ersetzt das *Sein* durch das *Haben*, menschliche durch kommerzielle Quantitäten, menschliche Beziehungen durch monetäre Beziehungen, moralische oder kulturelle Werte durch den einzigen Wert, der etwas gilt, das Geld. Dieses Thema taucht in dem Fragment nicht auf, wird aber von den antikapitalistischen, sozialistischen und romantischen Quellen, die Benjamin in seiner Bibliografie anführt, ausführlich entwickelt: Gustav Landauer, Georges Sorel – sowie, in einem konservativen Kontext, Adam Müller. Es ist anzumerken, dass der von Benjamin verwendete Begriff *Zertrümmerung* mit dem Begriff verwandt ist, der in These IX von *Über den Begriff der Geschichte* verwendet wird, um die durch den Fortschritt verursachten Ruinen zu beschreiben: *Trümmer*.

Da die „Schuld" der Menschen, ihre Verschuldung gegenüber dem Kapital ständig und anwachsend ist, ist keine Hoffnung auf Sühne erlaubt. Der

Kapitalist muss sein Kapital ständig vermehren und erweitern, um nicht von seinen Konkurrenten verdrängt zu werden, und der Arme muss sich Geld leihen, um seine Schulden zu bezahlen.

Entsprechend der Religion des Kapitals liegt das Heil allein in der Intensivierung des Systems, in der kapitalistischen Expansion, in der Anhäufung der Waren, aber das macht die Verzweiflung nur noch größer. Das scheint Benjamin mit der Formel anzudeuten, die aus der Verzweiflung einen religiösen Weltzustand macht, „aus dem die Heilung zu erwarten sei".

Diese Hypothesen widersprechen sich nicht und schließen sich auch nicht aus, aber es gibt keinen ausdrücklichen Hinweis im Text, um eine Entscheidung zu treffen. Benjamin scheint allerdings Verzweiflung mit dem Fehlen eines Auswegs zu verbinden:

> „Geistige (nicht materielle) Ausweglosigkeit in Armut, Vaganten- Bettel- Mönchtum. Mönche bietet keinen geistigen Ausweg. Ein Zustand der so ausweglos ist, ist verschuldend. Die ‚Sorgen' sind der Index dieses Schuldbewußtseins von Ausweglosigkeit. ‚Sorgen' entstehen in der Angst gemeinschaftsmäßiger, nicht individuell-materieller Ausweglosigkeit."

Die asketischen Praktiken der Mönche sind kein Ausweg, weil sie die Vorherrschaft der Religion des Kapitals nicht in Frage stellen. Rein individuelle Auswege sind eine Illusion, und ein gemeinschaftlicher, kollektiver, sozialer Ausweg wird von der Religion des Kapitals verboten. Doch für Benjamin, überzeugter Gegner der Religion des Kapitals, müsste ein Ausweg gefunden werden. Er prüft oder betrachtet kurz einige der Vorschläge für einen „Austritt aus dem Kapitalismus":

1) Eine Reform der kapitalistischen Religion: Dies ist angesichts ihrer lückenlosen Perversität unmöglich. „Die Entsühnung [...] ist hier also nicht im Kultus selbst zu erwarten, noch auch in der Reformation dieser Religion, die an etwas Sicheres in ihr sich müßte halten können, noch in der Absage an sie." Die Absage ist kein Ausweg, denn sie ist rein individuell: Sie hindert die Götter des Kapitals nicht daran, weiterhin ihre Macht über die Gesellschaft auszuüben. Was die Reform anbelangt, so lautet die Passage in Gustav Landauers Buch auf der von Benjamin zitierten Seite folgenden: „Der Gott [das Geld] ist jetzt schon so gewaltig und allmächtig geworden, daß er nicht mehr durch eine bloße sachliche Umgestaltung, durch eine Reform der Tauschwirtschaft, abzuschaffen ist."[16]

2) Nietzsches Übermensch. Für Benjamin ist er keineswegs ein Gegner, sondern „der erste der die kapitalistische Religion erkennend zu erfüllen beginnt". [...] Der Gedanke des Übermenschen verlegt den apokalyptischen ‚Sprung' nicht in die Umkehr, Sühne, Reinigung, Buße, sondern in die [...] Steigerung. [...] Der Übermensch ist der ohne Umkehr angelangte, der durch den Himmel durchgewachsne

historische Mensch. Diese Sprengung des Himmels durch gesteigerte Menschhaftigkeit, die religiös (auch für Nietzsche) Verschuldung ist und bleibt, hat Nietzsche präjudiziert."[17]

Wie ist dieser recht obskure Absatz zu interpretieren? Eine mögliche Interpretation ist, dass der Übermensch die Hybris, den Machtkult und die unendliche Ausdehnung der kapitalistischen Religion nur verstärkt; er stellt die Schuld und Verzweiflung der Menschen nicht in Frage, er überlässt sie ihrem Schicksal. Es ist ein weiterer Versuch von selbsternannten Ausnahmemenschen oder einer aristokratischen Elite, aus dem eisernen Kreis der kapitalistischen Religion auszubrechen, aber er reproduziert lediglich deren Logik. (Dies ist nur eine Hypothese, und ich gestehe, dass mir diese Kritik an Nietzsche ziemlich rätselhaft bleibt).

3) Der Marxsche Sozialismus: „Und ähnlich Marx: der nicht umkehrende Kapitalismus wird mit Zins und Zinseszins, als welche Funktion der *Schuld* sind (siehe die dämonische Zweideutigkeit dieses Begriffs), Sozialismus." Allerdings waren Benjamins Kenntnisse des Werkes von Marx zu dieser Zeit recht begrenzt. Wahrscheinlich übernahm er Gustav Landauers Kritik am Marxismus, indem er ihm vorwarf, eine Art *Kapitalsozialismus* etablieren zu wollen, insbesondere durch die Zentralisierung von Produktion und Kredit: „Das ist die wahre Lehre von Karl Marx" – so der anarchistische Denker – „wenn der Kapitalismus ganz und gar über die Reste des Mittelalters gesiegt hat, ist der

Fortschritt besiegelt und der Sozialismus so gut wie da".[18]

Es ist jedoch nicht klar, worauf sich die „Schuld" in dem Fragment bezieht: Schuld, d.h. sowohl „Schulden" als auch „Schuld". In jedem Fall bleibt der Marxsche Sozialismus für Benjamin in den Kategorien der kapitalistischen Religion gefangen und stellt daher keinen Ausweg dar. Wie wir wissen, änderte er seine Meinung zu diesem Thema erheblich, nachdem er 1924 Lukács' *Geschichte und Klassenbewußtsein* gelesen hatte.

4) Erich Unger und der Ausstieg aus dem Kapitalismus: „Überwindung des Kapitalismus durch Wanderung Unger, *Politik und Metaphysik* S. 44."[19] Der Begriff *Wanderung* ist verwirrend und die französische Übersetzung, zu wörtlich, ist unzureichend. In der Tat bedeutet es nicht „zu Fuß gehen", sondern eher Migration oder Ortsveränderung. Erich Unger verwendet den Begriff „*Wanderung der Völker*".

Auf Seite 44 des von Benjamin zitierten Buches schreibt er: „So gibt es nur ein logisches Entweder-Oder: reibungsloser Verkehr oder Wanderung der Völker. [...] Der Sturmlauf gegen das ‚kapitalistische System' muß ewig vergeblich sein [...] Um gegen den Kapitalismus überhaupt etwas auszurichten, ist es vor allem unerläßlich, aus seinem Wirkungsbereich herauszutreten, denn innerhalb dessen vermag er jede Gegenwirkung aufzusaugen." Es gehe darum, den Bürgerkrieg durch *Völkerwanderung* zu ersetzen.[20]

Es ist bekannt, dass Benjamin mit den „metaphysisch-anarchistischen“ Ideen Erich Ungers sympathisierte und ihn in seinem Briefwechsel mit Scholem wohlwollend erwähnte. Wir wissen jedoch nicht, ob er diesen „Ausstieg aus der Sphäre des Kapitalismus als gültigen Ausweg betrachtete. Das Fragment gibt uns keine Informationen darüber.[21]

5) Der libertäre Sozialismus von Gustav Landauer, Autor vom *Aufruf zum Sozialismus.* Auf der Seite, die auf die von Benjamin im Fragment zitierte Seite folgt, schreibt der anarchistische Denker:

> „Sozialismus ist Umkehr; Sozialismus ist Neubeginn; Sozialismus ist Wiederanschluß an die Natur, Wiedererfüllung mit Geist, Wiedergewinnung der Beziehung. [...] Die Sozialisten also wollen wieder in *Gemeinden* zusammentreten [...].“[22]

Der von Landauer verwendete Begriff „Umkehr“ ist genau derjenige, den Benjamin verwendet, um Nietzsche zu kritisieren – dessen Übermensch „Umkehr, Sühne“ verweigert und ohne Umkehr in den Himmel kommt – und Marx, dessen Sozialismus nur ein „nicht umkehrender Kapitalismus“ ist. Man kann also vermuten, dass Landauers Sozialismus, der eine Art „Umkehr“ oder „Rückkehr“ impliziert – zur Natur, zu menschlichen Beziehungen, zu einem Gemeinschaftsleben – der Ausweg aus dem „Haus der Verzweiflung“ ist, das von der kapitalistischen Religion errichtet wurde. Landauer war nicht weit davon entfernt zu glauben, wie Erich Unger, dass es notwendig sei, die Sphäre der kapitalistischen Herrschaft zu verlassen und sozialistische Kommunen auf dem Lande zu schaffen.

Dies stand jedoch für ihn nicht im Widerspruch zur sozialrevolutionären Perspektive: Kurz nach Erscheinen des Buches beteiligte er sich als Volkskommissar für Erziehung an der kurzlebigen Münchner Räterepublik (1919) – ein mutiges Engagement, das ihn das Leben kostete.

In einem interessanten Kommentar zum Begriff der *Umkehr* in Benjamins Fragment interpretiert Norbert Bolz diesen als Antwort auf Webers Argument, dass der Kapitalismus ein unausweichliches Schicksal sei. Für Benjamin bedeutet *Umkehr* gleichzeitig Unterbrechung der Geschichte, *Metanoia*, Sühne, Läuterung und... Revolution.[23]

Natürlich sind dies nur Vermutungen; das Fragment selbst zeigt keinen Ausweg und begnügt sich damit, mit Schrecken und offensichtlicher Feindseligkeit die erbarmungslose und „monströse" Logik der Religion des Kapitals zu analysieren.

In Benjamins Schriften der 1930er Jahre, insbesondere im *Passagen-Werk*, wird diese Problematik des Kapitalismus als Religion durch die Kritik des Warenfetischismus und des Kapitals als mythische Struktur ersetzt. Zweifellos lässt sich die Verwandtschaft zwischen beiden Ansätzen aufzeigen – zum Beispiel in der Bezugnahme auf religiöse Aspekte des kapitalistischen Systems –, doch die Unterschiede sind nicht weniger offensichtlich: Der theoretische Rahmen ist nun eindeutig der des Marxismus.

Die Webersche Problematik scheint aus dem von Benjamin konstruierten Theoriefeld zu verschwinden; in den Thesen *Über den Begriff der Geschichte* findet sich jedoch ein letzter, impliziter, durchaus erkennbarer Bezug zu Weberschen Thesen. In seiner Kritik am Kult der industriellen Arbeit in der deutschen Sozialdemokratie (These XI) schreibt Benjamin: „Die alte protestantische Werkmoral feierte in säkularisierter Gestalt bei den deutschen Arbeitern ihre Auferstehung.“[24]

Inspiriert von Max Weber, aber weit über die Argumente des Soziologen hinausgehend, gehört das Fragment von 1921 zu einer Reihe, die man als *antikapitalistische Lesarten von Weber* bezeichnen könnte. Es handelt sich weitgehend um eine „Entführung“:

Webers Haltung gegenüber dem Kapitalismus ging nicht über eine gewisse Ambivalenz, eine Mischung aus „axiologischer Neutralität“, Pessimismus und Resignation hinaus. Einige seiner untreuen „Schüler“ nutzten jedoch die Argumente der *Protestantischen Ethik*, um einen virulenten Antikapitalismus sozialistisch-romantischer Prägung zu entwickeln.

Der erste in dieser Reihe ist Ernst Bloch, der in den Jahren 1912-1914 zum Freundeskreis von Max Weber in Heidelberg gehörte. Wie wir gesehen haben, war es Bloch, der 1921 in seinem *Thomas Münzer* den Ausdruck „Kapitalismus als Religion“ prägte, für den er den Calvinismus verantwortlich macht. Der aufgerufene Zeuge der Anklage ist kein anderer als ... Max Weber: Bei den Anhängern Calvins, „als sich durch die abstrakte Arbeitspflicht an sich die Produktion zäh und systematisch mehrte, wirkte Calvins lediglich auf die *Konsumtion* übertragenes Armutsideal kapitalbildend, schuf der Sparzwang seine Verpflichtung gegenüber dem Vermögen als einer abstrakt verselbständigten, um ihrer selbst willen zu mehrenden Größe. [...] Dermaßen sah sich, wie Max Weber glänzend zeigte, die aufblühende kapitalistische Wirtschaft vollends befreit, aller urchristlichen Skrupel und nicht minder noch der relativen Christlichkeit mittelalterlicher Wirtschaftsideologie los und ledig."[25]

Webers „wertfreie" Analyse der Rolle des Calvinismus bei der Entstehung des kapitalistischen Geistes wird in den Worten des vom Katholizismus faszinierten Marxisten Ernst Bloch zu einer scharfen Kritik des Kapitalismus und seiner protestantischen Ursprünge. Wie wir gesehen haben, hat sich Benjamin zweifellos von diesem Text inspirieren lassen, ohne jedoch Blochs Sympathie für „die Skrupel des Urchristentums" oder das „relativ christliche" Moment der Wirtschaftsideologie des mittelalterlichen Katholizismus zu teilen.

Auch in Lukács' *Geschichte und Klassenbewußtsein* gibt es Passagen, die Weber zitieren, um seine Kritik an der kapitalistischen Verdinglichung zu untermauern. Wenige Jahre später berief sich der Freudomarxist Erich Fromm in einem Aufsatz von 1932 auf Weber und Sombart, um die Verantwortung des Calvinismus für die Zerstörung der Idee des Rechts auf Glück anzuprangern, die für vorkapitalistische Gesellschaften – wie die mittelalterliche katholische Kultur – typisch ist, und für ihre Ersetzung durch bürgerliche ethische Normen: die Pflicht zu arbeiten, zu erwerben und zu sparen.[26]

Benjamins Fragment von 1921 ist somit ein Beispiel für jene „erfinderischen" Lesarten – sie stammen alle von romantisch inspirierten deutsch-jüdischen Denkern –, die Webers soziologisches Werk und insbesondere *Die protestantische Ethik und der Geist des Kapitalismus* als Munition für einen umfassenden Angriff auf das kapitalistische System, seine Werte, seine Praktiken und seine „Religion" gebrauchen.

PS. Es wäre interessant, Benjamins *Kapitalismus als Religion* mit der Arbeit lateinamerikanischer Befreiungstheologen zu vergleichen, die, ohne das Fragment von 1921 zu kennen, seit den 1980er Jahren eine radikale Kritik des Kapitalismus als götzendienerische Religion entwickelt haben. Hugo Assmann zufolge manifestiert sich die kapitalistische „Wirtschaftsreligion" in der impliziten Theologie des Wirtschaftsparadigmas selbst und in der täglichen Andachtspraxis des Fetischismus. Die explizit religiösen Konzepte, die in der Literatur des „Marktchristentums" zu finden sind – zum Beispiel in den Schriften der neokonservativen religiösen Strömungen – haben nur eine ergänzende Funktion. Die Theologie des Marktes, von Malthus bis zum jüngsten Dokument der Weltbank, ist eine grausame Opfertheologie: Sie verlangt von den Armen, dass sie ihr Leben auf dem Altar der wirtschaftlichen Götzen opfern.[27] Ähnliche Argumente finden sich im Werk des jungen brasilianischen Theologen (koreanischer Herkunft) Jung Mo Sung, der in seinem Buch *The Idolatry of Capital and the Death of the Poor* (1989) eine ethisch-religiöse Kritik am internationalen kapitalistischen System entwickelt, dessen Institutionen – wie der IWF oder die Weltbank – Millionen armer Menschen in der Dritten Welt dazu verdammen, sich durch die unerbittliche Logik der Auslandsverschuldung dem Gott des „globalen Marktes" zu opfern. Für die kapitalistische Religion „gibt es kein Heil außerhalb des Marktes. [...] Dank dieser Sakralisierung des Marktes ist es nicht möglich, an die Befreiung im Verhältnis zu diesem System und als Alternative zu denken. Alle Türen zur Transzendenz sind geschlossen, sowohl in historischer Hinsicht (ein anderes Gesellschaftsmodell jenseits des Kapitalismus) als auch in Bezug auf die absolute Transzendenz (es gibt keinen anderen Gott jenseits des Marktes).[28]

Die Analogien – wie auch die Unterschiede – zu Benjamins Ideen sind offensichtlich. Im letzten Kapitel dieses Bandes werde ich darauf zurückkommen.

Ein historischer Materialismus mit romantischem Einschlag

Walter Benjamin und Karl Marx

Walter Benjamin nimmt in der Geschichte des modernen revolutionären Denkens als erster Marxist, der einen radikalen Bruch mit der Ideologie des Fortschritts vollzog, eine einzigartige Stellung ein. Indem sein Denken sich grundlegend von den vorherrschenden und „offiziellen" Formen des historischen Materialismus unterscheidet, kommt ihm eine besondere kritische Bedeutung zu, die ihm eine beeindruckende politische und intellektuelle Überlegenheit verleiht.

Seine Einzigartigkeit beruht auf der Fähigkeit, Elemente aus der jüdisch–messianischen Tradition und der romantischen Zivilisationskritik in das revolutionäre marxistische Theoriekorpus zu integrieren. Diese Elemente sind bereits in seinen frühesten Schriften vorhanden, die vor seiner Begegnung mit dem Marxismus entstanden, insbesondere in *Das Leben der Studenten* (1915), wo er seine Ablehnung einer bestimmten „Geschichtsauffassung" verkündet, „die im Vertrauen auf die Unendlichkeit der Zeit nur das Tempo der Menschen und Epochen unterscheidet, die schnell oder langsam auf der Bahn des Fortschritts dahinrollen." Gegen diese Ideologie, die sich durch den „Mangel an Präzision und Strenge der Forderung, die sie an die Gegenwart stellt"[1] auszeichnet, stellt er die *utopischen Bilder* des messianischen Reiches oder der Französischen Revolution.

Die erste Erwähnung des Kommunismus taucht in Benjamins Werk 1921 in seinem von Sorel beeinflussten Aufsatz *Zur Kritik der Gewalt* auf, in dem er die „vernichtende und im ganzen treffende" Kritik der Bolschewiki und der Syndikalisten „an den [...] Parlamenten" vorbehaltlos gutheißt.

Die Verbindung zwischen Kommunismus und Anarchismus sollte ein entscheidendes Element in seiner politischen Entwicklung werden und seinem Marxismus deutlich libertäre Züge verleihen.

Aber wie ich bereits sagte, wurde der Marxismus erst 1924 zu einem wichtigen Bestandteil seiner Weltanschauung, als er Georg Lukács' *Geschichte und Klassenbewußtsein* (1923) las und der kommunistischen Bewegung durch die schönen Augen der sowjetischen Künstlerin und politischen Aktivistin Asja Lacis begegnete – in die er sich in Capri verliebte. 1929 bezeichnete Benjamin noch immer das Werk von Lukács als eines der wenigen Bücher von brennender Aktualität: „Das geschlossenste philosophische Werk der marxistischen Literatur. Seine Einzigartigkeit beruht in der Sicherheit, mit der es in der kritischen Situation der Philosophie die kritische Situation des Klassenkampfes und in der fälligen konkreten Revolution die absolute Voraussetzung, ja den absoluten Vollzug und das letzte Wort der theoretischen Erkenntnis erfaßt hat. Die Polemik, die von den Instanzen der Kommunistischen Partei unter der Führung Deborins gegen dieses Werk veröffentlicht wurde, bestätigt auf ihre Art dessen Tragweite."[2] Diese Bemerkung verdeutlicht Benjamins Unabhängigkeit gegenüber der „offiziellen“ Doktrin des sowjetischen Marxismus – trotz seiner Sympathie für die UdSSR zu jener Zeit.

Aber das erste Werk Benjamins, in dem der Einfluss des Marxismus wirklich spürbar wird, ist *Einbahnstraße*, zwischen 1923 und 1925 geschrieben und 1928 veröffentlicht. Benjamins Fortschrittskritik ist nicht mehr neoromantisch, sondern mit einer eindeutig marxistisch–revolutionären Spannung aufgeladen, wie das Kapitel „Feuermelder“ zeigt: „Und ist die Abschaffung der Bourgeoisie nicht bis zu einem fast berechenbaren Augenblick der wirtschaftlichen und technischen Entwicklung vollzogen (Inflation und Gaskrieg signalisieren ihn), so ist alles verloren. Bevor der Funke an das Dynamit kommt, muß die brennende Zündschnur durchschnitten werden.“ Wird das Proletariat in der Lage sein, diese historische Aufgabe zu erfüllen? Die Antwort auf diese Frage wird über den „Bestand oder das Ende einer dreitausendjährigen Kulturentwicklung“[3] entscheiden.

Im Gegensatz zur evolutionären Vulgata einer bestimmten marxistischen Schule vertritt Benjamin die Auffassung, dass die proletarische Revolution nicht das „natürliche“ oder „unvermeidliche“ Ergebnis des wirtschaftlichen und technischen Fortschritts ist, sondern vielmehr die kritische Unterbrechung einer Entwicklung, die geradewegs zur Katastrophe führt. Diese Haltung erklärt den besonderen *pessimistischen* Ton seines Marxismus: ein revolutionärer Pessimismus, der nichts mit Resignation oder Fatalismus zu tun hat.

In seinem Artikel über den Surrealismus von 1929 – in dem er erneut versucht, den Anarchismus mit dem Marxismus zu versöhnen – definiert Benjamin den Kommunismus als *die Organisierung des Pessimismus* und fügt die ironische Bemerkung hinzu: „Und unbegrenztes Vertrauen allein in I. G. Farben und die friedliche Vervollkommnung der Luftwaffe."[4] Bald (aber nach seinem Tod) sollten diese beiden Institutionen zeigen, für welch finstere Zwecke, jenseits der dunkelsten Vorhersagen, die moderne Technologie eingesetzt werden kann.[5]

Der Artikel von 1929 zeigt Benjamins Interesse am Surrealismus, den er als moderne Spielart der revolutionären Romantik ansah. Die von Walter Benjamin und André Breton geteilte Sicht könnte als eine Art „gotischer Marxismus" bezeichnet werden. Er unterscheidet sich von den vorherrschenden Strömungen, deren Metaphysik materialistisch und deren Ideologie durch eine evolutionäre Fortschrittsauffassung kontaminiert ist. Das Adjektiv „gotisch" ist im romantischen Sinne zu verstehen, als Faszination für den fantastischen und verwunschenen Charakter vormoderner Kulturen und Gesellschaften. Der englische Schauer–roman des 18. Jahrhunderts und einige deutsche Romantiker des 19. Jahrhunderts gehören zu den „gotischen" Quellen, die in den Werken von Benjamin und Breton zu finden sind.[6] Ihr gotischer Marxismus könnte somit als historischer Materialismus verstanden werden, der für die magische Dimension vergangener Kulturen, für das

„dunkle“ Moment der Revolte, für den Blitz, der den Himmel der revolutionären Aktion erhellt, empfänglich ist.

Zwischen 1933 und 1935, während einer kurzen „experimentellen“ Phase nach der Aufstellung des zweiten Fünfjahresplans, schienen einige von Benjamins marxistischen Schriften auf ein Festhalten an den Problemen des technischen Fortschritts ausgerichtet zu sein, unterstützt durch den „sowjetischen Produktivismus“.

Die wichtigsten Texte sind: *Erfahrung und Armut* (1933), *Der Autor als Produzent* (1934) und, in gewisser Weise, *Das Kunstwerk im Zeitalter seiner technischen Reproduzierbarkeit* (1935). In dieser Zeit gibt Benjamin das Thema der Romantik jedoch nicht auf, wie sein Artikel über Bachofen von 1935 zeigt.

Allerdings scheint Benjamins Denken in diesen Jahren widersprüchlich zu sein: Er wechselt oft sehr schnell von einem Extrem zum anderen – manchmal innerhalb desselben Textes, wie in seinem berühmten Essay über das Kunstwerk. In diesen Schriften finden wir sowohl ein unauslöschliches Merkmal seines marxistischen Denkens – die Beschäftigung mit dem Materialismus – als auch eine „experimentelle“ Tendenz, bestimmte Argumente bis zu ihren äußersten Konsequenzen zu treiben. Er scheint der sowjetischen Version der Fortschrittsideologie, die er auf seine Weise uminterpretiert, nicht abgeneigt zu sein. Einige marxistische Interpretationen Benjamins beziehen sich ausschließlich auf jene Texte, die dem

„klassischen“, wenn nicht gar dem orthodoxen historischen Materialismus nahezustehen scheinen. Doch nach 1936 schließt sich diese „progressive Klammer“, und Benjamin integriert das romantische Moment allmählich wieder in seine marxistische Kritik *sui generis* der kapitalistischen Formen der Entfremdung.

In seinen Texten aus den 1920er Jahren finden sich nur wenige Hinweise auf Marx und Engels. Benjamin schien mit den Ideen von Marx wenig vertraut zu sein, und seine Aneignung des historischen Materialismus beruhte hauptsächlich auf den Schriften seiner Zeitgenossen, nicht auf denen der Gründerväter. Erst in den 1930er Jahren, während seines Exils in Paris (1933–1940) als Flüchtling aus Nazi–Deutschland, scheint sich Benjamin im Rahmen seiner Arbeit am *Passagen-Werk* wirklich diesen Texten zuzuwenden. Es ist sehr schwer zu sagen, wie dieses Projekt genau aussehen sollte: Sollte es zu einer neuen Form von Buch führen, komponiert als Montage, eine umfangreiche Ansammlung von Zitaten, von Kommentaren begleitet? Oder war diese Sammlung von Karteikarten lediglich das Rohmaterial für ein Buch, das nie das Licht der Welt erblicken würde? In jedem Fall ist dieses Projekt ein Zeichen für das gründliche – wenn auch sehr selektive und eigenwillige – Studium von Marx und Engels, dem sich Benjamin nach 1934 widmete.

Die deutschen Herausgeber des *Passagen-Werks* haben eine Liste der Werke von Marx und Engels aufgestellt, aus denen Benjamin in seinem Projekt

Auszüge zitiert. Sie umfasst: Von Marx und Engels: der erste Band (I, 1) der *Marx-Engels-Gesamtausgabe* (MEGA), herausgegeben 1927 in Moskau von David Rjazanov, der ihre frühen Schriften bis 1844 umfasst; der dritte Band der *Gesammelten Schriften*, herausgegeben von Franz Mehring in Stuttgart 1902, der den Zeitraum von Mai 1848 bis 1850 umfasst; der erste Teil der *Deutschen Ideologie (Thesen über Feuerbach)*, herausgegeben von Rjazanov 1928; und zwei Bände Korrespondenz: die *Ausgewählten Briefe*, herausgegeben von V. Adoratski in Leningrad 1934, und der erste Band des *Briefwechsels* (1844–1853), der 1935 in Moskau veröffentlicht wurde. Von Marx: *Der historische Materialismus. Die Frühschriften*, darunter die *Ökonomisch-philosophischen Manuskripte* von 1844, herausgegeben von Landshut und Mayer in Leipzig, 1932; *Der 18. Brumaire des Louis Bonaparte, Klassenkämpfe in Frankreich, Kritik des Gothaer Programms*; mehrere Ausgaben von *Das Kapital*, darunter eine mit einem Vorwort von Karl Korsch (Berlin 1932); verschiedene posthume Artikel in der *Neuen Zeit* über den französischen Materialismus des 18. Jahrhunderts, den Sozialismus von Karl Grün und mehrere französische Werke über Spione und Verschwörer; eine Sammlung von Aufsätzen über *Karl Marx als Denker, Mensch und Revolutionär*, die 1928 von Rjazanov in Berlin veröffentlicht wurde. Von Friedrich Engels: *Die Lage der arbeitenden Klasse in England, Ludwig Feuerbach und das Ende der klassischen deutschen Philosophie, Anti-Dühring, Die Entwicklung des Sozialismus von der*

Utopie zur Wissenschaft sowie Aufzeichnungen über eine Reise von Paris nach Bern (*Die Neue Zeit*, 1898–99).[7]

Diese bibliografische Liste ist weniger wegen ihres Inhalts als wegen ihrer Lücken aufschlussreich; zwei wesentliche Texte von Marx und Engels fallen durch ihr Fehlen auf:

Das Manifest der kommunistischen Partei (1848) und *Der Bürgerkrieg in Frankreich* (1872), die beide von Marxisten – und insbesondere von Kommunisten – während des gesamten zwanzigsten Jahrhunderts als ein absolutes Muss angesehen wurden. Wie lässt sich dieses Fehlen erklären? Hat Benjamin das *Manifest* abgelehnt, weil es die „progressive" Mission der Bourgeoisie betont? Einer der seltenen Verweise auf das *Manifest* findet sich in einem kritischen Kommentar von Korsch: Marx argumentiere in seinem Pamphlet, die Bourgeoisie habe alle politischen und religiösen Illusionen zerstört, so dass nur noch die „offene Ausbeutung"[8] übrig geblieben sei; in Wirklichkeit, so Korsch, habe die Bourgeoisie diese archaischen Formen nur durch eine versteckte Ausbeutung ersetzt, die umso raffinierter und schwerer zu entlarven sei. Was den *Bürgerkrieg in Frankreich* betrifft, scheint Benjamin eine überraschend negative Sicht auf die Pariser Kommune gehabt zu haben, die sich grundlegend von derjenigen von Marx unterscheidet.

Benjamin zitiert in seinem Passagen-Werk mehrere Autoren, die der Kommune ablehnend gegenüberstehen, darunter Franz Mehring, für den die Kommune der „alten revolutionären Legende“ der bürgerlichen Aufstände des 18. Jahrhunderts erlegen sei.[9] Benjamin beschreibt das Ziel des *Passagen-Werks* folgendermaßen: „Es kann als eines der methodischen Objekte dieser Arbeit angesehen werden, einen historischen Materialismus zu demonstrieren, der die Idee des Fortschritts in sich annihiliert hat. Gerade hier hat der historische Materialismus alle Ursache, sich gegen die bürgerliche Denkgewohnheit scharf abzugrenzen“.[10] Ein solches Programm zielte weniger auf eine Art „Revisionismus“ als auf eine Rückkehr zu Marx selbst, wie sie Korsch in seinem eigenen Werk angestrebt hatte.

Ein Aspekt dieser „Annihilation“ ist eine Neuinterpretation der intellektuellen Quellen von Marx unter Betonung seines Verhältnisses zur romantischen Zivilisationskritik. In diesem Punkt folgt Benjamin Karl Korsch: „Sehr richtig sagt Korsch, und man darf dabei wohl an de Maistre und Bonald denken: ‚So ist in die ... Theorie der modernen Arbeiterbewegung auch ... ein Teil jener ... ‚Ernüchterung‘ mit hineingegangen, die ... nach der großen französischen Revolution zunächst von den ersten französischen Theoretikern der Gegenrevolution, dann von den deutschen Romantikern proklamiert worden war und die besonders über Hegel einen starken Einfluß auf Marx ausgeübt hat.‘“[11] Es ist zu bezweifeln, dass Marx sich für Joseph de Maistre, der in den *Passagen* im Absatz über Baudelaire ausführlich zitiert wird, interessierte oder ihn gar gelesen hat. Aber die allgemeine Annahme, dass antibürgerliche romantische Strömungen für Marx’

Denken entscheidend waren, ist durchaus berechtigt – und offensichtlich Teil von Benjamins Bemühen, den historischen Materialismus von Grund auf neu zu formulieren.

Diese unterirdischen romantischen Tendenzen wurden auch in diesem anderen Zitat von Korsch bemerkt: „Quellen von Marx und Engels: ‚Sie nahmen von den bürgerlichen Historikern der Restaurationsperiode den Begriff der sozialen Klasse und des Klassenkampfs, von Ricardo die ökonomische Begründung der Klassengegensätze, von Proudhon die Proklamierung des modernen Proletariats als einzige wirklich revolutionäre Klasse, von den feudalen und christlichen Anklägern der neuen ... Wirtschaftsordnung die schonungslose Entlarvung der bürgerlich liberalen Ideale, die haßerfüllte, ins Herz treffende Invektive, vom kleinbürgerlichen Sozialismus Sismondis die scharfsinnige Zergliederung der unlösbaren Widersprüche der modernen Produktionsweise, von den anfänglichen Weggenossen aus der Hegelschen Linken, besonders von Feuerbach, den Humanismus und die Philosophie der Tat, von den zeitgenössischen politischen Arbeiterparteien – den französischen Reformisten und den englischen Chartisten – die Bedeutung des politischen Kampfes für die Arbeiterklasse, vom französischen Konvent, von Blanqui und den Blanquisten die Lehre von der revolutionären Diktatur, von St. Simon, Fourier und Owen den ganzen Inhalt ihrer sozialistischen und kommunistischen Zielsetzung: die totale Umwälzung der Grundlagen der bestehenden kapitalistischen Gesellschaft, die Beseitigung der Klassen ... und die Verwandlung des Staats in eine bloße Verwaltung der Produktion.'"[12] Dieses lange Zitat verdeutlicht Benjamins zentrale Beschäftigung mit Marx: *Klassenkampf und Revolution.* Die Kritiker der Romantik, von den „Christlichen Sozialisten" bis zu Sismondi, spielen in dieser Genealogie der marxistischen Theorie eine wichtige Rolle.

Ein weiteres Argument Benjamins für die Emanzipation des Marxismus von den Illusionen des Fortschritts ist die Kritik an der Idealisierung der industriellen Arbeit. Die *Passagen* enthalten zahlreiche Zitate von Marx und Engels, die sich auf diese Kritik beziehen, insbesondere das Zitat aus *Die Lage der arbeitenden Klasse in England,* in dem Engels den „trübsinnigen Schlendrian einer endlosen Arbeitsqual, worin derselbe mechanische Process immer wieder durchgemacht wird", mit den Qualen des Sisyphos vergleicht: „die Last der Arbeit, gleich dem Felsen, fällt immer wieder auf den abgematteten Arbeiter zurück."[13] Mehr noch, Benjamin greift in den *Passagen* und in seinen Schriften über Baudelaire von 1936–1938 die typisch romantische Idee eines unversöhnlichen Gegensatzes zwischen Leben und Automaten wieder auf, die sich bereits in seinem Essay über E. T. A. Hoffmann von 1930 findet – gestützt von der marxistischen Diagnose der Verwandlung des Arbeiters in einen Automaten. Die sich wiederholenden, mechanischen und sinnlosen Gesten des der Maschine ausgelieferten Arbeiters – Benjamin bezieht sich hier auf bestimmte Stellen in

Marx' *Kapital* – sind analog zu den reflexartigen Bewegungen der Passanten in einer Menschenmenge, wie sie von Hoffmann und Edgar Allan Poe beschrieben werden. Arbeiter und Passanten, beide Opfer der industriellen und urbanen Welt, können keine authentische Erfahrung mehr machen, die mit dem Gedächtnis einer kulturellen und historischen Tradition verbunden ist. Sie sind nur noch zu einem unmittelbaren Erlebnis fähig – vor allem zu einem Schockerlebnis, das bei ihnen ein reaktives Verhalten hervorruft, ähnlich dem von Automaten, „die ihr Gedächtnis vollkommen liquidiert haben".[14]

Der von Benjamin in den *Passagen* und in seinen späteren Schriften entfaltete Marxismus stellt eine originelle Neuinterpretation des historischen Materialismus dar, die sich radikal von der Orthodoxie der Zweiten und Dritten Internationale unterscheidet. Er ist als Versuch zu verstehen, den Gegensatz zwischen dem Marxismus und der bürgerlichen Ideologie zu vertiefen und zu radikalisieren, um sein revolutionäres Potenzial zu verstärken und seine kritische Ladung zu schärfen.

Politisch war Benjamin von der zweiten Hälfte der 1920er Jahre bis zu seinem Tod ein eigenwilliger Anhänger der kommunistischen Bewegung. Dabei unterstützte er in einem gewissen Maß Leo Trotzki und distanzierte sich ab 1937 allmählich vom sowjetischen (stalinistischen) Marxismus.[15] Dieses Engagement für die radikale Linke führte logischerweise zu einer äußerst kritischen Beurteilung der Sozialdemokratie, deren Illusionen mit den kraftvollen Einsichten von Marx und Engels konfrontiert wurden. Sein Artikel „Eduard Fuchs, der Sammler und der Historiker“ (1937) enthält einen scharfen Angriff auf die sozialdemokratische Ideologie, die Marxismus und Positivismus, darwinistischen Evolutionismus und Kult des „Fortschritts“ verbindet. Der große Fehler dieser Ideologie bestehe darin, die technologische Entwicklung nur unter dem Gesichtspunkt des naturwissenschaftlichen Fortschritts betrachtet und den sozialen Rückschritt vernachlässigt zu haben. Die Gefahr, dass die von der Technik freigesetzten Energien in erster Linie in den Dienst der technischen Perfektion des Krieges eingesetzt werden könnten, hat sie nie erkannt. Dem engstirnigen Optimismus der sozialdemokratischen Pseudomarxisten setzt Benjamin eine pessimistische revolutionäre Perspektive entgegen, die „Perspektive auf die beginnende Barbarei, die einem Engels in der *Lage der arbeitenden Klasse in England*, einem Marx in der Prognose der kapitalistischen Entwicklung aufgeblitzt war.“[16]

1939, als der Krieg gerade erst begann, wurde Benjamin von der französischen Regierung als „feindlicher Ausländer“ interniert. Es gelang ihm, aus dem Internierungslager zu fliehen, doch 1940, nach dem deutschen Sieg und der Besetzung Frankreichs, musste er Paris in Richtung Marseille verlassen. Unter diesen dramatischen Umständen schrieb er seinen letzten Text, die Thesen „Über den Begriff der Geschichte“, das wohl wichtigste Dokument der revolutionären Theorie seit den berühmten „Thesen über Feuerbach" (1845). Einige Monate später, im September 1940, wählte er, nachdem sein Versuch, nach Spanien zu fliehen, gescheitert war, den Freitod.

Auf diesen wenigen Seiten ungewöhnlicher Dichte finden wir mehrere Auszüge aus Marx, erneut als Denker des *Klassenkampfes* und der *Revolution*. Die Ideologie des Fortschritts – die auch die kommunistische Bewegung kontaminiert – wird mit Hilfe einer messianischen Zeitauffassung in ihren philosophischen Grundlagen selbst – der leeren und linearen Zeit – aufgespürt. Das Verhältnis zwischen Marxismus und Messianismus in Benjamins späten Schriften ist natürlich ein Gegenstand der Polemik. In den heftigen Debatten, die Deutschland in den 1960er Jahren erschütterten, beharrten die einen auf der religiösen Dimension, die anderen auf seinem marxistischen Materialismus. Mit einem Hauch von Ironie hat Benjamin selbst (in einem Brief an Scholem) von seinem „Janusgesicht" gesprochen, aber die Kritiker haben immer nur eine Seite betrachtet und die andere ignoriert. Um diese Art von Polemik zu überwinden, ist es nicht unnütz, daran zu erinnern, dass der römische Gott zwei Gesichter, *aber nur einen Kopf* hatte: Die Gesichter des Janus sind zwei Manifestationen eines einzigen Gedankens, der gleichzeitig einen messianischen und marxistischen Ausdruck hatte.

Nehmen wir zum Beispiel die erste These, die berühmte Allegorie des mechanischen Schachspielers:

„Bekanntlich soll es einen Automaten gegeben haben, der so konstruiert gewesen sei, daß er jeden Zug eines Schachspielers mit einem Gegenzuge erwidert habe, der ihm den Gewinn der Partie sicherte. Eine Puppe in türkischer Tracht, eine Wasserpfeife im Munde, saß vor dem Brett, das auf einem geräumigen Tisch aufruhte. Durch ein System von Spiegeln wurde die Illusion erweckt, dieser Tisch sei von allen Seiten durchsichtig. In Wahrheit saß ein buckliger Zwerg darin, der ein Meister im Schachspiel war und die Hand der Puppe an Schnüren lenkte. Zu dieser Apparatur kann man sich ein Gegenstück in der Philosophie vorstellen. Gewinnen soll immer die Puppe, die man ‚historischen Materialismus' nennt. Sie kann es ohne weiteres mit jedem aufnehmen, wenn sie die Theologie in ihren Dienst nimmt, die heute bekanntlich klein und häßlich ist und sich ohnehin nicht darf blicken lassen."[17]

In dieser Allegorie sind zwei Themen miteinander verwoben: die Kritik an der marxistischen Strömung, die die Geschichte als einen mechanischen Prozess interpretiert, der *automatisch* zum Triumph des Sozialismus führt, und der Wunsch, den explosiven, „theologischen" – d.h. messianischen – und revolutionären Impetus des historischen Materialismus wiederherzustellen, der von seinen Epigonen auf den Zustand eines jämmerlichen *Automaten* reduziert worden ist.

Der Gedanke, dass die Theologie „im Dienst" des historischen Materialismus stehen soll – eine Formulierung, die auf die scholastische Definition der Philosophie als *ancilla theologiae* zurückgeht – muss in seiner ganzen Tragweite verstanden werden. Für Benjamin ist die Theologie als Gedächtnis der Besiegten und als Hoffnung auf Erlösung kein Selbstzweck, keine mystische Kontemplation des Göttlichen: Sie steht im Dienst des Kampfes der Unterdrückten. Einige Jahrzehnte nach Benjamins Tod wurde die eng mit dem Marxismus verbundene Idee, die Theologie in den Dienst der Kämpfe für die Selbstbefreiung der Unterdrückten zu stellen, in einem völlig anderen kulturellen und historischen Kontext wiederbelebt: dem revolutionären Christentum in Lateinamerika. Zwischen Walter Benjamin und dieser Befreiungstheologie gibt es offensichtlich eine geheime Verwandtschaft.

Der radikale Gegensatz zwischen Marx und der (deutschen) Sozialdemokratie ist eines der wichtigsten Leitmotive der Thesen zum Geschichtsbegriff. So heißt es in These XI zu der bereits in den *Passagen* berührten Frage der Idealisierung der Industriearbeit: „Es gibt nichts, was die deutsche Arbeiterschaft in dem Grade korrumpiert hat wie die Meinung, sie schwimme mit dem Strom. Die technische Entwicklung galt ihr als Gefälle des Stromes, mit dem sie zu schwimmen meinte. Von da an war es nur ein Schritt zu der Illusion, die Fabrikarbeit, die im Zuge des technischen Fortschritts gelegen sei, stelle eine politische Leistung dar. Die alte protestantische Werkmoral feierte in säkularisierter Gestalt bei den deutschen Arbeitern ihre Auferstehung. Das Gothaer Programm trägt bereits Spuren dieser Verwirrung an sich. Es definiert die Arbeit als ‚die Quelle alles Reichtums und aller Kultur'. Böses ahnend, entgegnete Marx darauf, daß der Mensch, der kein anderes Eigentum besitze als seine Arbeitskraft, ‚der Sklave der anderen Menschen sein muß, die sich zu Eigentümern ... gemacht haben'."[18] Als aufmerksamer Leser von Max Weber betrachtete Benjamin die protestantische Arbeitsethik als eng – durch eine *Wahlverwandtschaft* – mit dem Geist des Kapitalismus verbunden. Benjamin schöpft sowohl aus Weber als auch aus Marx seine Kritik an der konformistischen Haltung der Sozialdemokratie gegenüber der kapitalistischen Industrieproduktion.

Auf viel kuriosere Weise unterscheidet Benjamin in These XVII a (die in der endgültigen Fassung nicht erscheint) die Marxsche Säkularisierung des Messianismus von der der Sozialdemokraten: „Marx hat in der Vorstellung der klassenlosen Gesellschaft die Vorstellung der messianischen Zeit säkularisiert. Und das war gut so. Das Unheil setzt damit ein, daß die Sozialdemokratie diese Vorstellung zum ‚Ideal' erhob. Das Ideal wurde in der neukantischen Lehre als eine ‚unendliche Aufgabe' definiert. Und diese Lehre war die Schulphilosophie der sozialdemokratischen Partei – von Schmidt und Stadler bis zu Natorp und Vorländer. War die klassenlose Gesellschaft erst einmal als unendliche Aufgabe definiert, so verwandelte sich die leere und homogene Zeit sozusagen in ein Vorzimmer, in dem man mit mehr oder weniger Gelassenheit auf den Eintritt der revolutionären Situation warten konnte.“[19]

Für Benjamin ist die Säkularisierung, wie sie bei Marx zu sehen ist, sowohl legitim als auch notwendig – vorausgesetzt, die subversive Ladung des Messianischen bleibt präsent, und sei es nur als okkulte Kraft (wie die Theologie des materialistischen Schachspielers). Was kritisiert werden muss, so Benjamin, ist nicht die Säkularisierung als solche, sondern die spezifische Form, die sie im sozialdemokratischen Neukantianismus annimmt, der die messianische Idee in ein Ideal, eine „unendliche Aufgabe“ verwandelt. Die Hauptvertreter dieser Haltung gehören zur Marburger Universitätsgruppe, darunter Alfred Stadler, Paul Natorp (zwei in der These genannte Autoren) und Hermann Cohen. Benjamin kritisierte vor allem den Attentismus jener neukantianischen Sozialdemokraten, die mit olympischer Gelassenheit, bequem in einer leeren und homogenen Zeitlichkeit verschanzt wie ein Makler im Vorzimmer, auf das unvermeidliche Eintreten einer „revolutionären Situation“ warten, die offensichtlich nie eintreten wird. Die von ihm vorgeschlagene Alternative ist gleichzeitig und untrennbar historisch und politisch. Sie geht von der Annahme aus, der kleinste Moment enthalte ein revolutionäres Potenzial. Ein offenes Verständnis von Geschichte als menschlicher Praxis, reich an unerwarteten und unerhörten Möglichkeiten, steht somit den teleologischen Lehren entgegen, die sich auf die „Gesetze der Geschichte" oder auf die schrittweise Anhäufung von Reformen auf dem ruhigen und sicheren Weg des unendlichen Fortschritts verlassen.

Die Thesen *Über den Begriff der Geschichte* sind ausdrücklich in der marxistischen Tradition (historischer Materialismus) verwurzelt, die Benjamin dem bürokratischen Konformismus entreißen will, der sie ebenso sehr – wenn nicht mehr – bedroht wie der Feind. Wie wir gesehen haben, ist Benjamins Verhältnis zum Marx'schen Erbe äußerst selektiv, statt „Rechnungen zu begleichen" oder offen zu kritisieren, *vernachlässigt* er all jene Momente, in denen Marx und Engels eine Schwäche für positivistische/evolutionäre Interpretationen des Marxismus im Sinne eines unwiderstehlichen Fortschritts, von „Gesetzen der Geschichte" und der „natürlichen Notwendigkeit" zeigen. Benjamins Konzeption widerspricht ständig dieser Vorstellung von Unvermeidlichkeit, die viele Texte von Marx und Engels seit der kanonischen Formulierung des *Manifests* durchzieht: „Sie [die Bourgeoisie] produziert vor allem ihre eigenen Totengräber. Ihr Untergang und der Sieg des Proletariats sind gleich unvermeidlich."[20] Nichts ist Benjamin fremder als der durch bestimmte Stellen im *Kapital* nahegelegte Glaube an eine historische Notwendigkeit, die sich als quasi Naturnotwendigkeit durchsetzt.

Das Werk von Marx und Engels hat der Nachwelt zweifellos die Spannungen hinterlassen, die es durchziehen – zwischen einer gewissen Faszination für das Modell der Naturwissenschaft und einem dialektischen und kritischen Herangehen, zwischen dem Glauben an die organische und quasi natürliche Reifung des sozialen Prozesses und einer strategischen Konzeption der revolutionären Aktion, die den besonderen Augenblick ergreift. Diese Spannungen erklären die Vielfalt der Marxismen, die nach dem Tod der Gründerväter um deren Erbe konkurrierten.[21] In den Thesen von 1940 legt Benjamin lediglich Begriffe aus dem ersten Teil des Marxschen Spektrums beiseite und lässt sich vom zweiten inspirieren.

Aber warum greift Benjamin die sozialdemokratischen Epigonen an, anstatt direkt die Texte von Marx und Engels anzugreifen, auf die sie ihre Interpretationen stützten? Wir können davon ausgehen, dass eine Reihe von – nicht notwendigerweise widersprüchlichen – Gründen für diese Haltung ausschlaggebend waren: (a) die Gewissheit, dass Marx' positive Äußerungen gegenüber seiner „wahren" Theorie zweitrangig wären; (b) die politische Zweckmäßigkeit, Marx gegen seine Epigonen zu stellen, die seine Botschaft verwässert oder verraten hätten; (c) der Wunsch, dem Beispiel seiner Meister Lukács und Korsch folgend, seine Konzeption des historischen Materialismus positiv darzulegen, statt lediglich die Arbeit der Begründer zu kritisieren.

Die Thesen *Über den Begriff der Geschichte* enthalten zwar keine direkte Kritik an Marx und Engels, doch die dazugehörigen Notizen deuten einiges an. An einer entscheidenden Stelle des Textes nimmt Benjamin eine kritische Haltung gegenüber dem Autor des *Kapital* ein: „Marx sagt, die Revolutionen sind die Lokomotive der Weltgeschichte. Aber vielleicht ist dem gänzlich anders. Vielleicht sind die Revolutionen der Griff des in diesem Zug reisenden Menschengeschlechts nach der Notbremse".[22] Das Bild suggeriert, wenn die Menschheit zulässt, dass der Zug seinen durch die Stahlkonstruktion der Schienen vorgegebenen Kurs fortsetzt, und wenn nichts seine schwindelerregende Fahrt aufhält, wir in eine Katastrophe stürzen werden: Zusammenstoß oder Abgrund. Diese Stelle ist Teil der vorbereitenden Notizen zu den Thesen, die in der endgültigen Fassung des Textes nicht enthalten sind.

Eine weitere direkte Kritik betrifft den Begriff des „Fortschritts": „Kritik der Theorie des Fortschritts bei Marx. Der Fortschritt dort durch die Entfaltung der Produktivkräfte definiert. Aber zu ihnen gehört der Mensch, bzw. das Proletariat. Dadurch wird die Frage nach dem Kriterium nur zurückgeschoben".[23] Dieses Argument ist in der Tat sehr entscheidend, denn das blinde Festhalten an der Entwicklung der Produktivkräfte war der Ursprung des stalinistischen Produktivismus und eines großen Teils der ökonomischen Interpretationen der Zweiten Internationale. Aber die Debatte bleibt auf der Ebene eines programmatischen Vorschlags stecken, und Benjamin geht nicht weiter darauf ein.

Letztlich handelt es sich bei der „Neufassung" des historischen Materialismus in den Thesen zur Geschichte um eine selektive – und heterodoxe –

Wiederaufnahme der Marxschen Themen, die Benjamin für sein Vorhaben für wesentlich hielt: der Staat als Apparat der Klassenherrschaft, der Klassenkampf, die soziale Revolution und die Utopie einer klassenlosen Gesellschaft. Der Materialismus wird seinerseits in Benjamins theoretisches Gerüst integriert, nachdem er im Licht der Theologie geprüft wurde. Das Ergebnis ist ein kritisch überarbeiteter und neu formulierter Marxismus, der messianische, romantische, blanquistische, anarchistische und fourieristische „Splitter"[24] in das Korpus des historischen Materialismus integriert. Mit anderen Worten: Mit all diesen Materialien stellt Benjamin einen neuen Marxismus her, der von Grund auf häretisch ist und sich radikal von allen Varianten – orthodoxen oder abweichenden – unterscheidet, die zu seiner Zeit existierten.

Wahlverwandtschaften

Walter Benjamin und Gershom Scholem

Die Geschichte der freundschaftlichen – aber auch manchmal widersprüchlichen – Beziehung zwischen Gershom Scholem und Walter Benjamin ist dank Scholems bewegendem Buch *Walter Benjamin – die Geschichte einer Freundschaft* und der Veröffentlichung ihrer Korrespondenz inzwischen weithin bekannt. Arbeiten wie die des verstorbenen Stéphane Mosès – Autor eines Artikels, der als Nachwort in die französische Ausgabe dieses Briefwechsels aufgenommen wurde – haben ebenfalls zu einem besseren Verständnis der komplexen Beziehung zwischen diesen beiden Persönlichkeiten beigetragen, die sich sowohl nahestanden als auch entgegengesetzt waren. Schließlich liefert die Veröffentlichung von Scholems Tagebüchern aus den Jahren 1913–1920 neue Teile des Puzzles.

Wie Stéphane Mosès feststellt, folgt ihr Leben „zwei verschiedenen Wegen", die jedoch „untrennbar miteinander verbunden" sind: Jugendfreunde zwischen 1915 und 1923, die denselben metaphysischen und theologischen Fragen nachgehen, folgen sie dann unterschiedlichen Richtungen: Scholem, der künftige große Historiker der jüdischen Mystik, schließt sich dem kulturellen Zionismus an und zieht nach Jerusalem, während Benjamin sich für den Marxismus entscheidet und nach Paris ins Exil geht.

Wenn die Freundschaft zwischen den beiden deutsch-jüdischen Denkern trotz erheblicher Meinungsverschiedenheiten ein Leben lang halten konnte – und sogar darüber hinaus, da Scholem keine Mühen scheute, das Werk seines Freundes posthum bekannt zu machen, und zusammen mit Theodor W. Adorno die erste Ausgabe von Benjamins Ausgewählten Schriften (1955) betrieb –, dann nicht nur aus persönlichen, sondern zweifellos auch aus intellektuellen und kulturellen Gründen. Unsere Arbeitshypothese lautet: Auf der Grundlage bestimmter *Brennpunkte* gemeinsamer Interessen – oder besser gesagt gemeinsamer Leidenschaften – ist zwischen den beiden eine Beziehung der *Wahlverwandtschaft* entstanden, d. h. der geistigen Verwandtschaft, der gegenseitigen Anziehung, der gegenseitigen Beeinflussung und der aktiven Konvergenz. Diese *Brennpunkte* sind die deutsche Romantik, der jüdische Messianismus und libertäre Utopien. Ihre Freundschaft war jedoch keineswegs frei von Konflikten. Der wichtigste war zweifellos von Benjamins Zustimmung zur Idee des Kommunismus hervorgerufen, die sein Freund nie akzeptieren konnte. Versuchen wir, diese vier Momente näher zu betrachten.

Der Bezug auf die Romantik – nicht nur als Literatur, sondern als kultureller Protest gegen die moderne kapitalistische Zivilisation im Namen einer idealisierten Vergangenheit – zieht sich durch Benjamins gesamte intellektuelle Laufbahn und wird auch durch die Entdeckung von Marx oder Lukács nicht aufgehoben. Vom frühen Text *Romantik* (1913) bis zur letzten Besprechung von Albert Béguin (1939), über Bachofen, E.T.A. Hoffmann und Johannes von Baader, hört Benjamin nie auf, mit den Stücken des romantischen Kaleidoskops seine eigenen Figuren kultureller Subversion zu konstruieren.

David Biale, Autor einer meisterhaften intellektuellen Biografie über Scholem, schrieb: „In der Philosophie und der Geschichtsschreibung spielte Scholems Sympathie für eine besondere Strömung der deutschen Romantik eine entscheidende Rolle für seine intellektuelle Bildung."[1] Es ist kein Zufall, dass er die allzu rationalistische *Wissenschaft des Judentums* des 19. Jahrhunderts kritisierte, indem er sie mit der deutschen Romantik verglich, dieser Bewegung, die sich durch ihre „emotionale Bindung an das lebendige Volk" und ihr „aktives Verständnis des Organismus ihrer eigenen Geschichte" auszeichnete.[2]

Beide Freunde teilten die Faszination für den deutschen Dichter der Romantik Friedrich Hölderlin. Während Benjamin einen seiner ersten literarischen Essays (1915) zwei Gedichten von Hölderlin widmete, schrieb Scholem in einer erstaunlichen Passage der *Tagebücher* folgendes: „Die Bibel ist Kanon der *Schrift*, Hölderlin: Kanon, der *Dasein* ist. Hölderlin und die Bibel sind die beiden einzigen Dinge auf der Welt, die sich niemals widersprechen können."[3]

Diese Verbundenheit mit der deutschen Romantik sollte ihre Interpretation des Judentums prägen: Mit der Brille der Romantik werden sie die jüdische Tradition lesen und ihre nicht-rationale und nichtinstitutionelle Vitalität, ihre mystischen, explosiven, apokalyptischen, „antibürgerlichen" Aspekte (der Begriff stammt von Scholem, in seinem ersten Artikel über die Kabbala von 1919) privilegieren. Die wichtigste Dimension der jüdischen Spiritualität war für die beiden Freunde der *Messianismus.*

Auch hier ist die Verbindung zur Romantik offensichtlich: In seiner Dissertation über die Kunstkritik der Romantik verkündet Benjamin, das wahre Wesen der deutschen Frühromantik müsse „im romantischen Messianismus gesucht werden". Er entdeckt die messianische Dimension der Romantik vor allem in den Schriften von Schlegel und Novalis und zitiert diese erstaunliche Stelle beim jungen Friedrich Schlegel: „Der revolutionäre Wunsch, das Reich Gottes zu realisieren, ist [...] der Anfang der modernen Geschichte."[4]

Welchen Beitrag leistete Scholem zum mystischen und messianischen Denken des jungen Benjamin in den ersten Jahren ihres Dialogs (1915–1923)? Ein Brief von Scholem an Hannah Arendt (aus dem Jahr 1960) wirft ein Licht auf diese Frage. Er bezieht sich auf einen Artikel über die Bedeutung der Thora in der jüdischen Mystik (im selben Jahr von Scholem veröffentlicht): „Es sind diese Gedanken, die die eigentliche Attraktion für Walter Benjamins kabbalistische Neigungen bildeten, soweit ich sie in meiner mehr intuitiven als gelehrten Jugend ihm zu explizieren im Stande war."[5] Es handelte sich um Kommentare zum zukünftigen Paradies als Rückkehr zum verlorenen *Gan Eden* – ein Thema, das in der Tat Benjamin beschäftigte.

In einem Brief an Scholem vom April 1930 fasste Benjamin seine Schuld gegenüber seinem Freund wie folgt zusammen: „Lebendiges Judentum habe ich in durchaus keiner andern Gestalt kennen gelernt als in Dir."[6] Es wäre jedoch falsch, diese Beziehung aus der Sicht des Judentums als einseitig zu betrachten: Es handelte sich um einen gegenseitigen Austausch, auch wenn Benjamin die hebräischen Originaldokumente nicht lesen konnte. Verschiedene Stellen in Scholems *Tagebuch* bezeugen seine Bewunderung und manchmal sogar Verehrung für einige der Aussagen seines Freundes zu jüdisch-theologischen Themen:

„Im Gedanken des messianischen Reiches ist das größte Bild der Geschichte gefunden worden, auf dem sich ihre unendlich tiefe Beziehung zu Religion und Ethik aufbaut. Walter [Benjamin] sagte einmal: Das messianische Reich ist immer da. Diese Einsicht ist von der *größten Wahrheit* – aber erst auf einer Sphäre, die meines Wissens nach niemand nach den Propheten erreicht hat."[7]

Eng verbunden mit dem Messianismus ist ihr Festhalten an revolutionären Utopien. Bereits 1915 stellt Benjamin in seinem Text *Das Leben der Studenten* der „formlosen" Ideologie des Fortschritts die kritische Kraft utopischer Bilder wie der *revolutionären Idee im Sinne von 1789* und des *messianischen Reiches* entgegen. Die utopische Verbindung zwischen Messianismus und Revolution, die hier zum ersten Mal auftaucht, wird zu einem der wesentlichen Fluchtpunkte seines Denkens. Was er in diesem Text den „Tolstoischen Geist" nennt, mit seinem Aufruf, den Armen zu dienen, „jener Geist, der in den Ideen der tiefsten Anarchisten und in christlichen Klostergemeinschaften erwuchs“[8], gehört ebenfalls zur Utopie. In einer typisch romantisch-revolutionären Verkürzung verweist die religiöse Vergangenheit auf die utopische Zukunft, unter der gemeinsamen Inspiration des russischen sozialistischen, christlichen und libertären Schriftstellers.

Scholem und Benjamin teilten die Sympathie für anarchistische Ideen, insbesondere für die des deutsch-jüdischen Sozialisten/Libertären Gustav Landauer, dessen Essay *Aufruf zum Sozialismus* ihre Begeisterung hervorrief.[9] In einem autobiografischen Interview von 1975 sagte Scholem: „Auch meine Sympathie für den Anarchismus war moralisch. Ich glaubte, dass die Organisation der Gesellschaft in absoluter Freiheit ein göttlicher Auftrag sei.“[10] Im Essay Benjamins von 1921 über die Gewalt findet sich etwas Entsprechendes, wenn er die edle und legitime Gegengewalt des Generalstreiks, wie sie von Georges Sorel und den Anarchosyndikalisten vertreten wurde – deren „einzige Aufgabe d[ie] Vernichtung der Staatsgewalt“[11] sei –, mit *göttlicher Gewalt* gleichsetzt.

Paradoxerweise war es Scholem, der sich als erster für den Kommunismus interessierte: Im Dezember 1918 schreibt er einen kurzen Essay mit dem Titel *Der Bolschewismus*, der eine Mischung aus Faszination und Kritik verrät. Es handelt sich um eine Lesart dieser revolutionären Bewegung aus dem Blickwinkel des Messianismus.

Die Idee des Bolschewismus, die ihm seine „revolutionäre Magie“ verleiht, besteht darin, dass „das messianische Reich [...] nur durch die Diktatur der Armut entfaltet werden [kann]“, ein Missverständnis, das auf Tolstoi zurückgeht. Die Russische Revolution ist eine „messianische Reaktion“ gegen den Weltkrieg – ein Krieg, den sowohl Scholem als auch Benjamin angeprangert hatten – und deshalb muss derjenige, der „die heutige Geschichte aber bejaht“ – was Scholem nicht tat – „nur dem Bolschewismus anhängen.“[12] Es ist möglich, dass Benjamin diese Ansichten teilte: Laut Scholem soll er 1927 in einem Gespräch in Paris zu seiner Lebensgefährtin Dora im Zusammenhang mit Diskussionen über den Bolschewismus in den Jahren 1918–19 gesagt haben: „Mit Gerhard und mir ist es so, daß wir uns gegenseitig überzeugt haben.“ Eine Aussage, die Scholem als „denkwürdige[n] Satz“, aber nicht unbedingt zutreffend beschreibt.[13]

In den folgenden Jahren und vor allem nach seiner Abreise nach Palästina (1923) wurde Scholem jedoch sehr viel zurückhaltender, ja feindseliger gegenüber dem Kommunismus; daher seine Bestürzung und Besorgnis, als sich sein Freund Walter ab 1924 mehr und mehr zu dieser Bewegung hingezogen fühlte.

Wie ich bereits erwähnte, entdeckte Benjamin den Marxismus durch die Lektüre von Georg Lukács' *Geschichte und Klassenbewußtsein* (1923) und die Begegnung mit der lettischen (d. h. sowjetischen) Bolschewikin Asja Lacis in Capri, in die er sich verliebte. Seine ersten Überlegungen zu diesen Themen finden sich in einem Brief an Scholem aus dem Jahr 1924, in dem er seine tiefe Zuneigung, „die politische Praxis des Kommunismus" als „verbindliche Haltung" zum Ausdruck bringt. Was Lukács' Buch betrifft, so verleiht ihm seine Art, Theorie und Praxis zu verbinden, eine derartige Überlegenheit, die „alles andere als bürgerlich-demagogische Phrase ist."[14] Wie reagierte Scholem auf diese plötzliche Wendung in den Ideen seines Freundes? In seiner Antwort verbirgt er seine Vorbehalte und Befürchtungen nicht; nicht ohne Ironie macht er Benjamin darauf aufmerksam, dass das von ihm so bewunderte Buch von Lukács von den theoretischen Wortführern des russischen Kommunismus verurteilt worden sei „als Rückfall in bürgerlichen Idealismus".

Seiner Meinung nach ist diese neue politische Option das genaue Gegenteil der anarchistischen Überzeugungen, die sie bisher geteilt hatten.[15]

Dies war nicht die Meinung von Benjamin, der 1926 in einem Brief an seinen Freund ankündigte, er erwäge, der (deutschen) Kommunistischen Partei beizutreten – er wird dies weder damals noch später tun –, ohne dass dies bedeuten würde, seinem früheren Anarchismus „abzuschwören". Dieses Vorgehen, das man als „libertär-marxistisch" bezeichnen könnte, kommt auch in seinen Aufsätzen der 1920er Jahre zum Ausdruck, etwa in dem Artikel über den Surrealismus von 1929, in dem er sich als „deutscher Betrachter" in einer „äußerst exponierte[n]" Position zwischen „anarchistischer Fronde und revolutionärer Disziplin" bezeichnet.[16]

In der *Geschichte einer Freundschaft* drückt Scholem seine „Verblüffung“ über die Entscheidung seines Freundes für den Kommunismus, die er als „Dissoziation“, als „Konflikt“ zwischen zwei Denkweisen, der metaphysischen und der marxistischen, interpretiert. Wenige Zeilen später spricht er unpassend von einem „Nebeneinander“ – aber auch, was viel zutreffender ist, davon, dass sich diese beiden Denkweisen ineinander verschränken. Mehr noch, er erkennt an, dass gerade diese Verschränkung, auch wenn sie nicht zu einem stabilen Gleichgewicht zwischen den beiden Komponenten führt, „den Arbeiten Benjamins, die solcher Haltung entstammen, ihre bedeutende Wirkung und jenen Glanz aus der Tiefe verliehen hat, der sie von den meisten Produkten materialistischer Denkart und Literaturbetrachtung [...] abhebt“[17] – ein Urteil, das im Übrigen durchaus zutreffend ist.

Benjamin verglich sich oft mit einem Janus, dessen eines Gesicht nach Moskau und dessen anderes nach Jerusalem blickt.[18] Scholem beklagt sich mehrfach über den „Januskopf“ seines Freundes. Aber er scheint zu vergessen, dass der römische Gott zwei Gesichter, aber *nur einen Kopf* hatte: Materialismus und Theologie, Marxismus und Messianismus sind nur die beiden Ausdrücke – Ausdrücke, einer von Benjamins Lieblingsbegriffen – eines einzigen Denkens.

Ein innovatives, originelles, nicht klassifizierbares Denken, das sich durch das auszeichnet, was er in einem Brief an Scholem im Mai 1926 das „paradoxe[...] Umschlagen des einen in das andere“[19], des Politischen ins Religiöse und umgekehrt nennt.

Die Frage des Kommunismus wurde auch bei ihrem Treffen in Paris 1927 aufgeworfen, aber Benjamin vermied die Diskussion und beschränkte sich darauf zu erklären, er sähe keinen Widerspruch zwischen seinen neuen revolutionären Überzeugungen und seinen früheren Ideen. Scholem kehrte 1931 zu diesem Thema zurück, und es kam zu einem Briefwechsel, den er für so wichtig hielt, dass er ihn als Anhang zur *Geschichte einer Freundschaft* veröffentlichte. In seinem Brief vom 30. März fordert Scholem seinen Freund auf, die „materialistische Terminologie“ aufzugeben – ein Begriff, der völlig unzureichend ist, um die Tiefe von Benjamins marxistischem Engagement zu erfassen –, um zu seinen wahren „metaphysischen“ Ideen zurückzukehren. Benjamin weicht der Debatte erneut aus, verkündet aber seinen Wunsch, „die rote Fahne zum Fenster herauszuhängen“, als einzige Methode „eindeutiger Differenzierung von der Bourgeoisie“.[20] In seiner Antwort versucht Scholem, die marxistische Option seines Korrespondenten theologisch zu erklären: „Dich gefährdet das Verlangen nach Gemeinschaft, und sei es selbst der apokalyptischen der Revolution.“[21]

Auch wenn Scholem Benjamins Kommunismus zu Unrecht als „Phraseologie“ bezeichnet (Brief vom 30. März), unterstreicht Benjamin doch zu Recht die Kontinuität der theologischen und messianischen Anliegen, die sich durch sein ganzes Leben ziehen. Das beweist sein Artikel über Kafka aus dem Jahr 1934 – zur Zeit seiner größten Nähe zum sowjetischen Marxismus! – und ihr Briefwechsel über den Autor von *Der Prozeß* in den 1930er Jahren, in dem die Frage der messianischen Erlösung im Mittelpunkt steht.

Eine letzte Auseinandersetzung über den Kommunismus fand während Scholems letztem Besuch in Paris im Jahr 1938 statt. Der Jerusalemer Professor – der dank seines Bruders Werner, eines von den Nazis inhaftierten und dann ermordeten kommunistischen Dissidenten, über die internen Debatten der kommunistischen Bewegung gut informiert war – wollte wissen, ob die Leute am Institut für Sozialforschung „Stalinisten oder Trotzkisten" seien (er sollte kurz darauf bei einem Besuch in New York feststellen, dass sie „heftig antistalinistisch" waren). Und vor allem wirft er Benjamin – nicht ohne Grund! – sein Zögern vor, zu den Moskauer Prozessen Stellung zu beziehen – im Gegensatz zu seinen Freunden Hannah Arendt und Hans Blücher.

Der Molotow-Ribbentrop-Pakt (August 1939) beendete Benjamins letztes Zögern, wie sein philosophisches Testament, die Thesen „Über den Begriff der Geschichte" von 1940, zeigt, die er wenige Monate vor seinem tragischen Selbstmord in Port Bou schrieb. Dieses Dokument zeichnet sich durch die zentrale Bedeutung messianischer Themen aus, die eng mit dem historischen Materialismus verwoben sind. Merkwürdigerweise äußert sich Scholem kaum zu diesen Thesen, außer dass er von „weitreichenden und waghalsigen Neuansätze[n]" spricht, „mit denen der historische Materialismus unter den Schutz der Theologie gestellt werden sollte"[22] – und umgekehrt, könnte man hinzufügen!

Das Erstaunlichste ist jedoch, dass Scholem nicht einmal erwähnt, dass sein Denken die Abfassung dieses Textes direkt inspiriert hat. Aus einem Dokument, das ich im Scholem-Archiv der Bibliothek der Hebräischen Universität einsehen konnte, geht zweifellos hervor, dass der Titel der *Thesen* von einem Manuskript Scholems inspiriert wurde, das Benjamin zweifellos kannte. Es trägt den Titel *Thesen über den Begriff der Gerechtigkeit* und ist mit „1919 und 1925" datiert. Bei der Lektüre dieses Textes wird einem klar, dass Benjamin nicht nur durch den Titel, sondern auch durch den Inhalt des Manuskripts inspiriert wurde – zum Beispiel durch die folgende Passage: „Die messianische Epoche als ewige Gegenwart und die Gerechtigkeit des substanziellen Daseienden entsprechen sich. Gäbe es keine Gerechtigkeit, wäre das messianische Reich nicht nur nicht *da*, sondern unmöglich."[23] Alles scheint darauf hinzudeuten, dass Benjamin in diesem dramatischen Moment, da er, verfolgt von den Faschisten in Vichy und Berlin, versucht, den historischen Materialismus mit Hilfe der Theologie neu zu denken, ausgiebig auf einige Ideen und Begriffe seines Jugendfreundes zurückgreifen wird.

Die Stärke dieses Dokuments resultiert nicht aus einem „Nebeneinander" von Materialismus und Messianismus, sondern aus der Erfindung, ausgehend von diesen beiden Elementen, einer neuen und zutiefst originellen Auffassung. Es ist nicht möglich, seinen Ansatz mit diesem oder jenem „Einfluss" zu erklären: Die verschiedenen Autoren, die er zitiert, die Schriften seiner Freunde, beginnend mit denen von Gershom Scholem, sind allesamt Bausteine, mit denen er sein eigenes Gebäude errichtet, Materialien, mit denen er eine alchemistische Fusion vollziehen und so das Gold der Philosophen herstellen wird.

Walter Benjamin und der Anarchismus

Benjamin gehört zusammen mit seinem Freund Gershom Scholem zu den jüdischen Denkern mit messianischem Empfinden, die zu Beginn des Jahrhunderts von der libertären Utopie angezogen wurden: Martin Buber, Gustav Landauer, Ernst Toller, Hans Kohn und viele andere. Ihr Ansatz wurde durch die Wahlverwandtschaften zwischen jüdischem Messianismus und Anarchismus genährt: der Umsturz der Mächtigen dieser Welt, die restaurative/utopische Perspektive, radikale Veränderung statt Verbesserung oder „Fortschritt", Katastrophismus.

Und wie viele dieser jüdischen Intellektuellen mit libertärer Gesinnung – Georg Lukács, Ernst Bloch, Erich Fromm, Leo Löwenthal, Manès Sperber – entdeckte Benjamin den Marxismus nach dem Ersten Weltkrieg. Im Gegensatz zu ihnen gab er jedoch seine ursprüngliche anarchistische Neigung nicht auf, sondern versuchte bis Ende der 1920er Jahre explizit und danach eher implizit, sie mit dem marxistischen Kommunismus zu artikulieren, zu kombinieren und sogar zu verschmelzen. Dieser Ansatz ist eines der charakteristischsten Merkmale seines Denkens.

Anfang 1914, während einer Konferenz über „das studentische Leben", bezieht sich Benjamin zum ersten Mal auf die libertäre Utopie. Benjamin stellt utopische, revolutionäre und messianische Bilder gegen die unförmige und sinnlose Ideologie des linearen Fortschritts, die „im Vertrauen auf die Unendlichkeit der Zeit nur das Tempo der Menschen und Epochen unterscheidet, die schnell oder langsam auf der Bahn des Fortschrittes dahinrollen“[1]. Er huldigt der „staatsfremden und oft staatsfeindlichen“[2] freien Wissenschaft und Kunst und sieht sich in der Nachfolge der Ideen Tolstois und der „tiefsten Anarchisten“[3].

Aber vor allem in seinem Essay *Zur Kritik der Gewalt* von 1921 finden sich Überlegungen, die unmittelbar von Georges Sorel und dem Anarchosyndikalismus inspiriert sind. Der Autor macht keinen Hehl aus seiner absoluten Verachtung für staatliche Institutionen wie die Polizei („einer weit widernatürlicheren“[4] Art der Gewalt, die man sich vorstellen kann) oder das Parlament („jammervolle[s] Schauspiel“[5]).

Er bejaht vorbehaltlos die „vernichtende und im ganzen treffende“[6] antiparlamentarische Kritik der Bolschewiki und der Anarchosyndikalisten – zwei Strömungen, die er hier ausdrücklich als auf derselben Seite stehend bezeichnet – sowie die Sorelsche Idee eines Generalstreiks, der „sich die einzige Aufgabe der Vernichtung der Staatsgewalt“[7] stellt. Dieser „tiefen, sittlichen und echt revolutionären“[8] Perspektive, die er selbst als *anarchistisch* bezeichnet, scheint er wohlwollend gegenüberzustehen.

Benjamin hatte ein Exemplar von Sorels Buch, das in Deutschland nicht erhältlich war, von Bernd Kampffmeyer erhalten, einem deutschen anarchistischen Intellektuellen und Sekretär von Max Nettlau, dem großen Historiker des Anarchismus, der ihm von einem gemeinsamen Freund, dem anarchistischen Architekten Adolf Otto, empfohlen worden war.[9] In einem Brief an Kampffmeyer aus dem Jahr 1920 bittet Benjamin um bibliografische Hinweise zu anarchistischer Literatur, die sich auf Gewalt bezieht, „sowohl verwerfend in Hinsicht auf die staatliche wie etwa apologetisch hinsichtlich der revolutionären".[10]

Laut Werner Kraft, der damals eng mit ihm befreundet war und den ich 1980 in Jerusalem interviewen konnte, hatte Benjamins Anarchismus eine gewisse „symbolische" Qualität; er war weder links noch rechts, sondern „irgendwo anders". Diese letzte Aussage erscheint mir höchst fragwürdig: Trotz seines eigenwilligen Charakters und seiner religiösen Dimension – jüdischer Messianismus – war Benjamins Anarchismus zweifellos im Bereich der revolutionären Linken angesiedelt.

In einem Text aus derselben Zeit, *Das Recht zur Gewaltanwendung. Blätter für einen religiösen Sozialismus* (1920–1921), bezeichnet Benjamin sein eigenes Denken ausdrücklich als *anarchistisch*: „Die Darlegung dieses Standpunkts gehört zu den Aufgaben meiner Moralphilosophie, in deren Zusammenhang der Terminus Anarchismus sehr wohl für eine Theorie gebraucht werden darf, welche das sittliche Recht nicht der Gewalt als solcher, sondern allein jeder menschlichen Institution, Gemeinschaft oder Individualität abspricht, welche sich ein Monopol auf sie zuspricht."[11]

Unter den anarchistischen Autoren, für die sich Benjamin interessiert, nimmt Gustav Landauer einen bezeichnenden Platz ein. Er wird zum Beispiel in einem Fragment zitiert, das um 1921 geschrieben und erst 1985 in den *Gesammelten Schriften* veröffentlicht wird: *Der Kapitalismus als Religion*, dem das erste Kapitel des vorliegenden Bandes gewidmet ist. Unter den Gottheiten dieser perversen Religion ist eine der wichtigsten das Geld, der Gott Mammon, oder, wie Benjamin schreibt, „Plutos als Gott des Reichtums".[12] In der Bibliografie des Fragments erwähnt Benjamin eine virulente Passage aus Gustav Landauers *Aufruf zum Sozialismus* (Ausgabe 1919), worin der deutsch-jüdische anarchistische Denker das Geld als teuflisches Idol anprangert, ein künstliches Monster, das mächtiger ist als die Menschen.

Aus marxistischer Sicht wäre das Geld nur eine – und nicht die wichtigste – Erscheinungsform des Kapitals, aber Benjamin stand 1921 dem romantischen und libertären Sozialismus eines Gustav Landauer – oder eines Georges Sorel – viel näher als dem von Karl Marx und Friedrich Engels.

Aus diesen verschiedenen Schriften aus den Jahren 1914 bis 1921 geht also eindeutig der Anarchismus als Benjamins primäre Tendenz hervor, sie gibt seiner radikalen und kategorischen Ablehnung der etablierten Institutionen eine ethisch-politische Form. Erst spät – im Zusammenhang mit den revolutionären Ereignissen von 1917–1923 in Russland und Europa – entdeckte er den Marxismus. Diese Ereignisse machten ihn zweifellos empfänglicher, aber erst 1923–1924 begann er sich unter dem doppelten Einfluss der Lektüre von Lukács und der

Begegnung mit Asja Lacis für den marxistischen Kommunismus zu interessieren, der bald zu einem zentralen Element seines politischen Denkens werden sollte. Dies bedeutete jedoch nicht, dass er seine libertären Sympathien aufgab: In einem Brief vom 29. Mai 1926 an Gershom Scholem erklärte er, zwar fühle er sich zum Kommunismus hingezogen, aber „nicht daran denke, ‚abzuschwören', wozu ich gestanden habe, warum ich mich des früheren Anarchismus nicht schäme".[13]

Obwohl er sich nach manchem Zögern entschied, der kommunistischen Bewegung nicht beizutreten, blieb er eine Art enger Sympathisant *sui generis*, der sich durch seine Hellsichtigkeit und kritische Distanz vom üblichen Modell unterschied – wie sein Moskauer Tagebuch von 1926–1927 deutlich zeigt, in dem er seine Besorgnis über den Versuch der sowjetischen Behörden zum Ausdruck brachte, „die Dynamik des revolutionären Vorgangs im Staatsleben abzustellen."[14]

Diese Kritik speist sich zweifellos aus der erfrischend libertären Quelle, die weiterhin durch sein Werk fließt. Benjamins erstes Werk, in dem der Einfluss des Marxismus sichtbar wird, ist *Einbahnstraße*, eine überraschende Collage von Notizen, Kommentaren und Fragmenten über die Weimarer Republik in den Jahren der Inflation und der Nachkriegskrise, geschrieben 1923–25 und veröffentlicht 1928. Trotz seines Interesses am Kommunismus ist es interessant, dass die einzige revolutionäre politische Strömung, die in diesem Buch erwähnt wird, der Anarchosyndikalismus ist. In einem Abschnitt mit dem kuriosen Titel „Ministerium des Innern" untersucht Benjamin zwei Idealtypen politischen Verhaltens: a) den konservativen Politiker, der nicht zögert, sein Privatleben in Widerspruch zu den Maximen zu setzen, die er im öffentlichen Leben verteidigt; b) den anarcho-syndikalistischen, der sein Privatleben rücksichtslos den Normen unterwirft, die er zu den Gesetzen eines künftigen Sozialstaats machen will.

Das wichtigste marxistisch-libertäre Dokument ist sein Essay über den Surrealismus von 1929. Gleich in den ersten Absätzen des Artikels beschreibt Benjamin sich selbst als den „deutschen Betrachter", der sich in einer „äußerst exponierte Stellung zwischen anarchistischer Fronde und revolutionärer Disziplin"[15] befindet. Nichts bringt die ersehnte Annäherung zwischen diesen beiden Polen konkreter und aktiver zum Ausdruck als die von den Kommunisten und Libertären organisierte Demonstration zur Verteidigung der Anarchisten Sacco und Vanzetti. Die Surrealisten beteiligten sich an dieser „rot-schwarzen" Initiative, und Benjamin versäumt es nicht, auf die „ausgezeichnete Stelle" in *Nadja* hinzuweisen, in der von den „hinreißenden Tagen" des Aufruhrs die Rede ist, die Paris im Zeichen von Sacco und Vanzetti erlebte: „Breton schließt daran die Versicherung, der Boulevard Bonne-Nouvelle habe an diesen Tagen das strategische Versprechen der Revolte eingelöst, das sein Name schon immer gegeben habe."[16]

Es stimmt, dass Benjamin einen sehr weit gefassten Begriff von Anarchismus hat. Er beschreibt die entfernten/nahen Ursprünge des Surrealismus und schreibt: „Es haben in den Jahren 1865 bis 1875 einige große Anarchisten, ohne voneinander zu wissen, an ihren Höllenmaschinen gearbeitet. Und das Erstaunliche ist: sie haben unabhängig voneinander deren Uhr genau auf die gleiche Stunde gestellt; und vierzig Jahre später explodierten in Westeuropa die Schriften Dostojewskis, Rimbauds und Lautréamonts."[17] Das Datum, 40 Jahre nach 1875, genauer eher knapp 50 Jahre, ist offensichtlich eine Anspielung auf die Geburt des Surrealismus, mit der Veröffentlichung des ersten *Manifests* im Jahr 1924. Diese drei Autoren bezeichnet er als „große Anarchisten", nicht nur, weil Lautréamonts Werk, „ein erratisches Buch"[18], der aufständischen Tradition angehört, oder weil Rimbaud ein Kommunarde war. Sondern vor allem, weil ihre Schriften, wie das Dynamit von Ravachol oder das der russischen Nihilisten auf einem anderen Terrain, die bürgerliche Moralordnung, den „moralisierenden Dilettantismus" der *Spießer* und Philister sprengen.

Die libertäre Dimension des Surrealismus zeigt sich aber auch auf direktere Weise: „Seit Bakunin hat es in Europa keinen radikalen Begriff von Freiheit mehr gegeben. Die Sürrealisten haben ihn."[19] Benjamin zufolge war es „die Feindschaft der Bourgeoisie gegen jedwede Bekundung radikaler geistiger Freiheit", die den Surrealismus nach links, zur Revolution und nach dem Rifkrieg (1921–1926) zum Kommunismus trieb. Wie wir wissen, traten Breton und andere Surrealisten 1927 der Kommunistischen Partei Frankreichs bei.

Diese Tendenz zur zunehmenden Politisierung und zum Engagement bedeutete in Benjamins Augen nicht, dass der Surrealismus seine magische und libertäre Sprengkraft aufgeben müsse. Im Gegenteil, dank dieser Eigenschaften kann er eine einzigartige und unersetzliche Rolle in der revolutionären Bewegung spielen: „Die Kräfte des Rausches für die Revolution zu gewinnen, darum kreist der Sürrealismus in allen Büchern und Unternehmen. Das darf er seine eigenste Aufgabe nennen." Um diese Aufgabe zu erfüllen, muss der Surrealismus jedoch eine allzu einseitige Haltung überwinden und sich mit dem Kommunismus verbünden: „Für die ist's nicht damit getan, daß, wie wir wissen, eine rauschhafte Komponente in jedem revolutionären Akt lebendig ist. Sie ist identisch mit der anarchischen. Den Akzent aber ausschließlich auf diese zu setzen, das hieße die methodische und disziplinäre Vorbereitung der Revolution völlig zugunsten einer zwischen Übung und Vorfeier schwankenden Praxis hintansetzen."[20]

In *Einbahnstraße* (1928) verweist Benjamin auf die Trunkenheit als Ausdruck der magischen Beziehung des frühzeitlichen Menschen zum Kosmos, meint aber, dass die Erfahrung des Rauschs, die diese rituelle Beziehung zur Welt kennzeichnete, aus der modernen Gesellschaft verschwunden ist. In dem Aufsatz in der *Literarischen Welt* scheint er sie jedoch in neuer Form im Surrealismus wiedergefunden zu haben.

Dies ist ein Ansatz, der sich durch viele Schriften Benjamins zieht: Die revolutionäre Utopie beinhaltet die Wiederentdeckung einer alten, archaischen, prähistorischen Erfahrung: das Matriarchat (Bachofen), der primitive Kommunismus, die Gemeinschaft ohne Klassen noch Staat, die ursprüngliche Harmonie mit der Natur, das verlorene Paradies, von dem uns der Sturm des „Fortschritts" fortreißt, das „frühere Leben", in dem der bezaubernde Frühling noch nicht seinen Duft verloren hatte (Baudelaire). In all diesen Fällen plädiert Benjamin nicht für eine *Rückkehr* in die Vergangenheit, sondern – gemäß der der revolutionären Romantik eigenen Dialektik – für einen *Umweg* über die Vergangenheit hin zu einer *neuen Zukunft*, die alle Errungenschaften der Moderne seit 1789 integriert.

Diese Dialektik zeigt sich in frappierender Weise in dem Aufsatz über Bachofen von 1935 – der von den Kommentatoren allgemein ignoriert wird –, einem der wichtigsten Texte zum Verständnis von Benjamins Geschichtsauffassung. Das ist umso interessanter als die Jahre 1933–1935 jene sind, in denen der Berliner Philosoph – scheinbar – dem „produktivistischen" und dem techno-modernistischen Marxismus der stalinistischen UdSSR der Fünfjahrespläne am nächsten steht.

Bachofens Werk, so Benjamin, sei von „romantischen Quellen" inspiriert und wecke das Interesse marxistischer und anarchistischer Denker (wie Élisée Reclus) durch sein Heraufbeschwören einer kommunistischen Gesellschaft am Beginn der Geschichte. In Ablehnung konservativer und faschistischer Interpretationen (Ludwig Klages, Alfred

Bäumler) und unter Berufung auf die freudo-marxistische Lesart von Erich Fromm argumentiert Benjamin, habe Bachofen die Quellen, aus denen sich im Laufe der Jahrhunderte das libertäre Ideal speiste, zu dem Reclus sich rechnet, bis in eine unerforschte Tiefe untersucht.[21] Was Engels und Lafargue betrifft, so wurde ihr Interesse durch seine Studie über matriarchalische Gesellschaften geweckt, in denen es ein hohes Maß an Demokratie und bürgerlicher Gleichheit sowie Formen des primitiven Kommunismus gab, die eine echte „Umwälzung des Begriffs der Autorität" bedeuteten. Dieser Text zeigt die Kontinuität von Benjamins libertären Sympathien: er versucht, den Marxisten Engels und die Anarchistin Reclus im gleichen Kampf gegen das Autoritätsprinzip zusammenzuführen.

In Benjamins späteren Schriften findet sich kaum ein ausdrücklicher Bezug zum Anarchismus. Doch für einen so scharfen kritischen Beobachter wie Rolf Tiedemann – den Herausgeber des Gesamtwerks von Benjamin auf Deutsch – lassen diese Schriften „als Palimpsest sich lesen: unter dem ouverten Marxismus wird der alte Nihilismus sichtbar, dessen Weg in die Abstraktheit anarchistischer Praktiken zu führen droht".[22] Der Begriff „Palimpsest" ist vielleicht nicht ganz zutreffend: Die Beziehung zwischen den beiden Botschaften ist weniger eine mechanische Verbindung der Überlagerung als eine alchemistische Legierung von zuvor destillierten Substanzen.

Anfang 1940 schrieb Benjamin sein „politisches Testament", die Thesen *Über den Begriff der*

Geschichte. Einige Monate später versuchte er aus Vichy-Frankreich zu fliehen, wo die Polizei in Zusammenarbeit mit der Gestapo Jagd auf antifaschistische deutsche Exilanten und Juden im Allgemeinen machte. Mit einer Gruppe von Flüchtlingen versuchte er, die Pyrenäen zu überqueren, doch auf der spanischen Seite wurden sie von der Franco-Polizei verhaftet und mit der Übergabe an die Gestapo bedroht. Damals, in dem spanischen Dorf Port Bou, wählte Walter Benjamin den Freitod.

Nach Rolf Tiedemann, der dieses letzte Dokument analysiert und kommentiert: „war Benjamins Vorstellung politischer *Praxis* eher die enthusiastische des Anarchismus als die nüchterne des Marxismus."[23] Das Problem mit dieser Formulierung ist, dass sie libertäre „Trunkenheit" und marxistische „Nüchternheit" als einander ausschließende Ansätze gegenüberstellt, die Benjamin gerade deshalb zu verbinden versucht, weil sie ihm komplementär und für revolutionäres Handeln gleichermaßen notwendig erscheinen.

Aber es war vor allem Habermas, der die anarchistische Dimension in der Geschichtsphilosophie des späten Benjamin hervorhob – und sie einer radikalen Kritik aus seiner evolutionären und „modernistischen" Perspektive unterzog. In seinem bekannten Artikel aus den 1970er Jahren lehnt er den Versuch des Verfassers der Thesen *Über den Begriff der Geschichte* ab, den historischen Materialismus mit messianischen und libertären Elementen neu zu beleben. „Dieser Versuch muß scheitern", insistiert der Philosoph der kommunikativen Vernunft,

„weil der anarchistischen Konzeption der Jetztzeiten, die das Schicksal intermittierend gleichsam von oben durchschlagen, die materialistische Theorie der gesellschaftlichen Entwicklung nicht einfach eingefügt werden kann. Dem historischen Materialismus, der mit Fortschritten in der Dimension nicht nur der Produktivkräfte, sondern auch der Herrschaft rechnet, kann eine antievolutionistische Geschichtskonzeption nicht wie einer Mönchskapuze übergestülpt werden."[24]

Was Habermas für einen Irrtum hält, steht meiner Meinung nach am Ursprung des einzigartigen Wertes von Benjamins Marxismus und seiner Überlegenheit gegenüber dem „progressiven Evolutionismus" – seine Fähigkeit, ein Jahrhundert zu verstehen, das durch die Verflechtung von Modernität und Barbarei (wie in Auschwitz oder Hiroshima) gekennzeichnet ist. Ein evolutionäres Geschichtsbild, das an einen Fortschritt der Herrschaftsformen glaubt, kann den Faschismus schwerlich erklären – außer als unerklärliche Klammer, als unverständlichen Rückschritt „in der Mitte des 20. Jahrhunderts". Wie Benjamin in den Thesen *Über den Begriff der Geschichte* jedoch schrieb, versteht man nichts vom Faschismus, wenn man ihn als eine Ausnahme von der Norm des Fortschritts betrachtet.

Habermas kehrte einige Jahre später in *Der philosophische Diskurs der Moderne* (1985) zu diesem Thema zurück. Es geht um das nicht-kontinuierliche Geschichtsbild, das die „extremen Linken" auszeichnet, wie er sie nennt, vertreten von Karl Korsch und Walter Benjamin; um jene, die nach

Kautsky und den Protagonisten der Zweiten Internationale „in der Entfaltung der Produktivkräfte einen Garanten für den evolutionären Übergang von der bürgerlichen Gesellschaft zum Sozialismus“ sahen, was nur eine andere Formulierung derselben Debatte ist. Benjamin hingegen konnte sich „die Revolution nur als einen Sprung aus der ewig sich wiederholenden Barbarei der Vorgeschichte, als ein Aufsprengen des Kontinuums aller Geschichte [vorstellen]. Diese Einstellung wiederum ist vom surrealistischen Zeitbewußtsein inspiriert und berührt sich mit dem *Anarchismus* derer, die in der Nachfolge Nietzsches gegen den universalen Macht- und Verblendungszusammenhang [...] die lokalen Widerstände und unwillkürlichen Revolten der geschundenen subjektiven Natur beschwören.“[25]

Habermas' Interpretation ist in mehrfacher Hinsicht fragwürdig, angefangen beim Begriff der „Barbarei der Vorgeschichte“: Benjamins ganzes Bemühen besteht doch gerade darin zu zeigen, dass die moderne Barbarei nicht einfach die „Wiederholung“ einer „prähistorischen“ Wildheit ist, sondern ein Phänomen der Moderne – ein Gedanke, der für Habermas, den hartnäckigen Verteidiger der modernen Zivilisation, kaum akzeptabel ist. Dagegen hat er mit großer Intelligenz erfasst – um sie zu kritisieren –, was die Geschichtsauffassung des letzten Benjamin dem Surrealismus und dem Anarchismus verdankt: Die Revolution ist nicht die Krönung der historischen Entwicklung – der „Fortschritt“ –, sondern die radikale Unterbrechung der historischen Kontinuität der Herrschaft.

Die chemische Hochzeit der beiden Materialismen

Walter Benjamin und der Surrealismus

Was haben Georg Büchner, Ludwig Feuerbach, Jean Paul, Karl Gutzkow, Gottfried Keller, Enfantin, Claire Demar, Charles Fourier und die Surrealisten gemeinsam? Für Walter Benjamin sind sie, unter anderen, Beispiele für den *anthropologischen Materialismus*. Es ist nicht die Gewohnheit dieses subtilen und elliptischen Denkers, kartesianische Definitionen seiner Begriffe zu geben: Ihr polysemischer Reichtum ist einer der Gründe für den Reiz seiner Schriften. Der Ausdruck, den er für Gottfried Keller verwendet, „hedonischer Atheismus", ist ein interessanter, aber unzureichender Hinweis.[1] Dasselbe gilt für die Emanzipation des Fleisches bei Enfantin, den radikalen Feminismus bei Claire Demar oder die Harmonie der Leidenschaften bei Fourier. Ich werde mich hüten, eine Definition vorzuschlagen, doch wage ich folgende Hypothese: Der „anthropologische Materialismus" könnte als eine der Erscheinungsformen eines kritischen und/oder utopischen romantischen Imaginären betrachtet werden, die im Widerspruch zur Religion und/oder zum deutschen Idealismus und/oder zum Vulgärmaterialismus steht. Unter „Romantik" verstehe ich hier nicht nur eine literarische Schule des 19. Jahrhunderts, sondern eine Weltanschauung, einen kulturellen Protest gegen die kapitalistische Entzauberung der Welt, gegen die moderne bürgerliche Zivilisation, im Namen vorkapitalistischer Werte. In gewisser Weise kann die Romantik als ein von der Energie der Verzweiflung getriebener und von der „schwarzen Sonne der Melancholie“ (Gérard de Nerval) erleuchteter Versuch gesehen werden, *die Welt neu zu verzaubern*, sei es in religiösen Formen (im Falle der traditionellen Romantiker) oder in profanen Formen, wie im Falle der „anthropologischen Materialisten“[2].

Eine „moderne/antimoderne“ Revolte, die regressive Formen annehmen kann – der Traum von einer unmöglichen Rückkehr in die Vergangenheit – oder kritische/utopische Formen, die einen *Umweg* über die Vergangenheit in Richtung einer neuen, freien und brüderlichen Zukunft anstreben. Zu dieser zweiten Sensibilität gehören sowohl Walter Benjamin als auch die Surrealisten.

In einer Fußnote im *Passagen-Werk* zitiert Benjamin einen Text von Emmanuel Berl – einem engstirnigen Rationalisten, der den Surrealisten feindlich gesinnt war –, der in ihren Schriften eine Verwechslung zwischen „moralischem Nonkonformismus und proletarischer Revolution“ anprangerte, die typisch für die Zeit vor Marx war, nämlich für den utopischen Sozialismus der Jahre 1820 bis 1840. Benjamin distanziert sich von dieser Position und beobachtet bei den Surrealisten Elemente, die sich „gegen den Marxismus sträuben“: den anthropologischen Materialismus und die Fortschrittsfeindlichkeit. Wir wissen jedoch, dass der Marxismus, den Benjamin rekonstruieren möchte, genau auf der *Einbeziehung* dieser beiden

Elemente beruht. In einer anderen Note im selben Buch, in der er Enfantin, Büchner und Feuerbach als Vertreter des anthropologischen Materialismus vergleicht, kommt er zu folgendem Schluss: „Der dialektische Materialismus schließt den anthropologischen ein".[3]

Diese „Inklusion" oder Artikulation oder Verschmelzung zwischen den beiden Materialismen wird durch bestimmte *Wahlverwandtschaften* zwischen beiden erleichtert: nicht nur Materialismus und Atheismus, sondern auch die Revolte gegen die bürgerliche Ordnung – Familie, Staat, Privateigentum – und die Utopie einer neuen Gesellschaft. Diese Konvergenz ist eines der zentralen Themen seines Essays von 1929, *Der Sürrealismus. Die letzte Momentaufnahme der europäischen Intelligenz*, eine seiner „erleuchtetsten" (profanen) Schriften. Ich mache mir zu eigen, was Marc Berdet dargelegt hat: Benjamins Ziel ist es, den dialektischen Materialismus durch einen anthropologischen Materialismus zu korrigieren und umgekehrt, um „der Revolution eine sensible Dichte zu geben, ohne sie ihrer emanzipatorischen Tugend zu berauben".

In einer aufschlussreichen Stelle des Artikels über den Surrealismus stellt Benjamin dem anthropologischen Materialismus von Hebel, Büchner, Nietzsche, Rimbaud und den anderen Surrealisten – eine andere, von der des Passagen-Werk etwas abweichende Konfiguration – dem metaphysischen Materialismus von Vogt und Bucharin gegenüber.[4] Karl Vogt und Jacobus Moleschott verkörperten in den Augen der Marxisten schon immer den mechanistischen, evolutionären, metaphysischen und antidialektischen Materialismus des 19. Jahrhunderts, doch der Verweis auf Nikolai Iwanowitsch Bucharin, einen der wichtigsten Denker des sowjetischen Marxismus in den 1920er Jahren, ist viel respektloser. Er zeugt von Benjamins geistiger Unabhängigkeit, trotz seiner Sympathie für das sowjetische Experiment und die kommunistische Bewegung, die ab 1924 deutlich wurde. Man fragt sich, ob Benjamin die brillante Kritik von Georg Lukács an Bucharins positivistischem Materialismus, die 1925 veröffentlicht wurde, nicht gelesen hatte. Diese recht deutliche Distanzierung vom sowjetischen Marxismus erklärt vielleicht die erstaunliche politische Schlussfolgerung des Artikels: „Für den Augenblick sind die Sürrealisten die einzigen, die seine [des *Kommunistischen Manifests*] heutige Order begriffen haben."[5] Ist dies dem Beitrag des anthropologischen Materialismus zu verdanken? In jedem Fall erscheinen sie in Benjamins Augen als die wahren Erben von Marx und dem kommunistischen Programm.

Der Bezug auf Rimbaud – in den Augen der Surrealisten einer der großen Wegbereiter ihrer Bewegung – ist sehr bedeutsam. Er mag überraschen: Sind Marx und Rimbaud, der nüchterne Kritiker der politischen Ökonomie und der magische Dichter des *Trunkenen Schiffs* kompatibel? Indem er sie im selben Absatz assoziiert, ist Benjamin André Breton voraus, der einige Jahre später in seiner Rede vor dem Kongress der Schriftsteller gegen den Faschismus (Juni 1935) die folgende Formel vorschlagen wird:

> „‚Die Welt verändern' sagte Marx; ‚das Leben ändern' sagte Rimbaud: Diese beiden Losungen sind für uns nur eine."[6]

In dieser brillanten Kurzfassung des surrealistischen Programms, vielleicht seine erfolgreichste Definition, geht es nicht mehr um Konvergenz oder Analogie, sondern einfach um eine *Verschmelzung*, eine „chemische Hochzeit" – ein von den Surrealisten geliebter alchemistischer Ausdruck – zwischen einer der Hauptfiguren dessen, was Benjamin anthropologischen Materialismus nennt, und dem marxistischen Denken.

Benjamin war erfreut über die Politisierung des Surrealismus, sein Festhalten am marxistischen Programm, aber das bedeutete in seinen Augen nicht, dass er auf seine poetische und rebellische Sprengkraft verzichten sollte, ganz im Gegenteil: „Die Kräfte des Rausches für die Revolution zu gewinnen, darum kreist der Sürrealismus in allen Büchern und Unternehmen. Das darf er seine eigenste Aufgabe nennen."[7]

Worin besteht dieser Rausch, dessen Träger die Surrealisten schlechthin sind? In *Einbahnstraße* verweist Benjamin auf die Trunkenheit als Ausdruck der magischen Beziehung des frühgeschichtlichen Menschen zum Kosmos, gibt aber zu verstehen, dass die Erfahrung des Rauschs, die diese rituelle Beziehung zur Welt kennzeichnete, in der modernen Gesellschaft verschwunden ist. In dem Essay von 1929 scheint er sie jedoch in neuer Form im Surrealismus wiederzuentdecken.

In diesem Essay unterscheidet Benjamin zwischen den niederen Erscheinungsformen des Rausches – „den Ekstasen der Religion oder der Drogen“, die sich in der Tat sehr ähnlich sind, denn „die Religion ist das Opium des Volkes“ – und ihren höheren Formen, die zum anthropologischen Materialismus gehören: „Die wahre, schöpferische Überwindung religiöser Erleuchtung aber liegt nun wahrhaftig nicht bei den Rauschgiften. Sie legt in einer *profanen Erleuchtung*, einer materialistischen, anthropologischen Inspiration“[8]. Der Begriff der „profanen Illumination“ ist nicht leicht zu erfassen, aber er bezieht sich zweifellos auf den Glanz, das Funkeln, die Glut des surrealistischen – typisch romantischen – Versuchs, die Welt neu zu verzaubern. Ein Versuch, der radikal *profan* ist, denn nichts ist in den Augen der Surrealisten so abscheulich wie die Religion im Allgemeinen und die römisch–katholische Apostolische Kirche im Besonderen; deshalb besteht Benjamin auf „dem bitteren und leidenschaftlichen Aufstand gegen den Katholizismus [...], als in welchem Rimbaud, Lautréamont, Apollinaire den Sürrealismus zur Welt brachten“.[9]

Seltsamerweise wirft Benjamin den Surrealisten „eine zu kurz greifende, undialektische Auffassung vom Rausch vor“; sie erkennen nicht, dass Lesen und Denken auch profane Erleuchtung sind; zum Beispiel „die passionierteste Untersuchung des Haschischrausches wird einen über das

Denken (das ein eminentes Narkotikum ist) nicht halb so viel lehren, wie die profane Erleuchtung, die des Denkens über den Haschischrausch."[10] Diese Kritik ist um so merkwürdiger, als die meisten Surrealisten – im Gegensatz zu Benjamin (siehe seinen Text *Haschisch in Marseille*)! – nie sehr experimentierfreudig waren und immer mehr Interesse zeigten an Thomas de Quinceys *Memoiren eines englischen Opiumessers* als am Konsum des süßen Rauschmittels selbst.

Unter den anthropologisch–materialistisch inspirierten profanen Illuminationen, die Breton und Benjamin bewunderten, gibt es eine, die ganz im Geiste dieser *utopischen Romantik* – oder des „gotischen Marxismus", um einen von der Surrealismus-Historikerin Margaret Cohen[11] vorgeschlagenen Begriff zu verwenden – steht: die mittelalterliche *höfische Liebe*. Diese Liebe, der Breton in *Nadja* huldigt, gleicht, so der von Benjamin zitierte Kulturwissenschaftler Erich Auerbach, „mehr einer Erleuchtung als einem sinnlichen Genuß",[12] also, so Benjamin, einer Form des Rausches oder der „Verzückung".

Die Konvergenz zwischen den beiden Materialismen – dem dialektischen und dem anthropologischen – im Surrealismus findet in dem Essay von 1929 einen unmittelbar politischen Ausdruck: die Konvergenz – und gegenseitige Korrektur – von Kommunismus und Anarchismus. Wie ich bereits geschrieben habe, beschreibt Benjamin das Verhältnis der Surrealisten zu letzteren folgendermaßen: „Seit Bakunin hat es Europa keinen radikalen Begriff von Freiheit mehr gegeben. Die Sürrealisten haben ihn."[13] In der umfangreichen Literatur über den Surrealismus der letzten sieben Jahrzehnte findet sich nur selten eine so prägnante Formel, die dermaßen in der Lage ist, dank einiger einfacher und schneidender Worte den „unzerstörbaren nächtlichen Kern" (Breton) dieser Bewegung auszudrücken.

Benjamin, betrachtet die Gewinnung der „Kräfte des Rausches für die Revolution" – deren enge Verbindung zum anthropologischen Materialismus wir gesehen haben – als die große politische Aufgabe des Surrealismus. Aber er fügt sogleich diesen Vorbehalt hinzu: „Für die ist's nicht damit getan, daß, wie wir wissen, eine rauschhafte Komponente in jedem revolutionären Akt lebendig ist. [...] Den Akzent aber ausschließlich auf diese setzen, das hieße die methodische und disziplinäre Vorbereitung der Revolution völlig zugunsten einer zwischen Übung und Vorfeier schwankenden Praxis hintanzusetzen."[14] Mit anderen Worten: Es muss möglich sein, Rausch und Disziplin, Anarchismus und Kommunismus zu verbinden, um eine gegenseitige Korrektur zwischen den beiden zu ermöglichen. Diese Orientierung ist im Übrigen diejenige von Benjamin selbst, der sich in den ersten Absätzen des Essays als „deutscher Betrachter" präsentiert, der „ihre äußerst exponierte Stellung zwischen anarchistischer Fronde und revolutionärer Disziplin am eigenen Leib hat erfahren müssen."[15] Die Surrealisten und insbesondere André Breton begaben sich bekanntlich in diese gefährdete Position, zunächst am Rande der Kommunistischen Partei, dann, nach 1935, durch die Zusammenarbeit mit Trotzki und der linken Opposition, bevor sie in den Jahren 1951–1953 versuchten, sich mit den libertären (anarchistischen) Kommunisten zusammenzuschließen.[16]

Es bleibt abzuwarten, ob der anthropologische Materialismus und die „Kräfte des Rausches" nicht Gefahr laufen, zu Mythen zu werden. Marc Berdet formuliert die Frage in seiner Dissertation folgendermaßen: „Die Grenze zwischen Utopie und Mythos, zwischen dem anthropologischen Materialismus und seinem Simulakrum ist fließend [...]. Wie kann man die Grenze ziehen, ohne die Utopie dem Mythos zu opfern?"[17] Dieses Risiko besteht in der Tat, und es lässt sich anhand eines Kreises brillanter französischer Intellektueller veranschaulichen, denen Benjamin nahestand, ohne dabei eine kritische Distanz aufzugeben: das Collège de Sociologie, das von Georges Bataille, Roger Caillois, Pierre Klossowski und Michel Leiris geleitet wurde. Für sie ist die Anziehungskraft durch den Mythos eines der zentralen Merkmale. Der Fall von Georges Bataille und seiner Beziehungen zu den Surrealisten ist besonders aufschlussreich. Für ihn hat der Rausch die Form der exaltierten Verausgabung, des Exzesses, des Festes, des Opfers und des Todes. Er stand den Surrealisten nahe, brach aber 1930 mit Breton; eine kurzlebige Versöhnung fand 1935 im Rahmen des Manifests *Contre Attaque* statt, das sowohl von Bataille und Klossowski als auch von Breton, Eluard und den anderen Surrealisten unterzeichnet wurde. Das Ziel dieses Dokuments war es, revolutionäre Intellektuelle zusammenzubringen, Anhänger des Klassenkampfes gegen den Faschismus, aber es enthielt einige gefährliche Formeln, die eine Art von seltsamer Faszination für den Feind suggerierten: „Wir beabsichtigen [...], die Waffen zu benutzen, die der Faschismus geschaffen hat, der es verstanden hat, das grundlegende Streben der Menschen nach emotionaler Überhöhung und Fanatismus zu nutzen."[18] Einige Monate später verließen die Surrealisten, die sich mit dieser von Bataille inspirierten Argumentation nicht wohl fühlten, *Contre Attaque*, und wandten sich allmählich den „klassischen" (im marxistischen Sinne) antifaschistischen Thesen der linken (trotzkistischen) Opposition zu. Es muss jedoch hinzugefügt werden, dass es weder bei den Surrealisten noch bei Bataille und seinen Freunden weder vor noch während des Krieges einen Wechsel in das Lager des Faschismus gab.[19]

Fazit: Der – unvollendete – und aus der Sicht der vorherrschenden Tendenzen des Marxismus seiner Zeit völlig heterodoxe Versuch, *sich auf den Surrealismus stützend*, eine Konvergenz, ein Bündnis, eine Verschmelzung oder einen Einschluss zwischen dialektischem Materialismus und anthropologischem Materialismus, zwischen Marx und Rimbaud – und später, im *Passagen-Werk*, zwischen Marx und Fourier[20] – in einer Perspektive der Komplementarität und der gegenseitigen Korrektur herbeizuführen, ist eines der ungewöhnlichsten und faszinierendsten intellektuellen Abenteuer im Werk Walter Benjamins.

Die Stadt als strategischer Ort der Konfrontation der Klassen

Aufstände, Barrikaden und die Haussmannisierung von Paris im Passagen-Werk

Einführung

Der städtische Raum als Ort des Klassenkampfes: Das ist ein Aspekt, der in der wissenschaftlichen Auseinandersetzung mit dem Thema Stadt im *Passagen-Werk* oft vernachlässigt wird. In diesem unvollendeten Projekt nimmt er jedoch einen wichtigen Platz ein.

Walter Benjamins Behandlung des Themas ist untrennbar mit seiner historiographischen Methode verbunden, die wir vorläufig als eine häretische Variante des historischen Materialismus definieren könnten, die (unter anderem) auf zwei wesentlichen Achsen beruht:
a) eine systematische und mit Sympathie begleitete Fokussierung auf den Kampf der Klassen aus der Sicht der Besiegten – zum Nachteil anderer klassischer Topoi des Marxismus, wie dem Widerspruch zwischen Produktivkräften und Produktionsverhältnissen oder der Determination des Überbaus durch die ökonomische Infrastruktur;
b) die radikale Kritik an der Fortschrittsideologie in ihrer bürgerlichen Form, aber auch in ihrer Fortsetzung in der politischen Kultur der Linken. Die im Passagen-Werk erwähnte Stadt ist bekanntlich „die

Hauptstadt des XIX. Jahrhunderts". Es sollte hinzugefügt werden, dass sie auch die *revolutionäre* Hauptstadt des XIX. Jahrhunderts ist. Das schrieb Friedrich Engels mit anderen Worten in einem Artikel aus dem Jahr 1889, der von Benjamin zitiert wird. Er teilt zweifellos diese Meinung: „Und Frankreich allein hat ein Paris, eine Stadt in der [...] alle Nervenfasern der europäischen Geschichte sich vereinigen, und von der in gemessenen Zeiträumen die elektrischen Schläge ausgehn, unter denen eine ganze Welt erbebt [...]".[1]

In diesem Aufsatz werde ich einer chronologischen Ordnung folgen:

1) Aufstände und Barrikadenkämpfe (1830–1848);
2) Die *Haussmannisierung* von Paris als „strategische Verschönerung" (1860–1870);
3) Die Pariser Kommune (1871).

Das Material stammt aus drei Kapiteln des *Passagen-Werks*: „Soziale Bewegung", „Haussmannisierung, Barrikadenkämpfe", „Die Kommune".

Bekanntlich ist der Status des *Passagen-Werks* immer noch rätselhaft: Handelt es sich um eine Sammlung von Materialien, die für das Verfassen eines Buches geordnet wurden? Oder handelt es sich um eine Collage von Zitaten als neue Darstellungsmethode? Oder ist es eine Mischung aus beidem? In jedem Fall haben wir es mit sehr heterogenen Dokumenten zu tun. Es können folgende Kategorien unterschieden werden:

— Walter Benjamins Kommentare – wahrscheinlich die wichtigste Quelle, um die Bewegung seines Denkens zu erfassen;
— Zitate, denen ein erläuternder Kommentar vorausgeht oder folgt;
— Zitate von marxistischen oder sozialistischen Autoren, von denen man annehmen kann, dass Benjamin ihre Ansichten teilt (obwohl...);
— Zitate aus den Werken von Historikern, die dazu dienen, einen Aspekt der Ereignisse hervorzuheben, der ihn interessiert;
— Zitate reaktionärer Autoren, die die Haltung der herrschenden Schichten veranschaulichen; ihre Verwendung durch Benjamin ist oft von Ironie gefärbt.

Es ist nicht immer leicht zu verstehen, warum der Autor dieser umfangreichen Sammlung dieses oder jenes Zitat ausgewählt hat. Der Stellenwert bestimmter Dokumente in seiner Argumentation bleibt rätselhaft, einige Details scheinen irrelevant zu sein, und man ist gezwungen, sich auf Vermutungen einzulassen, ohne immer eine Entscheidung treffen zu können. Im Großen und Ganzen fügen sich die Teile des Puzzles zusammen, und wir können Benjamins Diskurs und seinen Gegenstand in diesen drei Kapiteln rekonstruieren: die Stadt (Paris) als strategischer Ort des Klassenkonflikts, im neunzehnten Jahrhundert, aber mit – oft impliziten – Anspielungen auf den Kontext Europas der 1930er Jahre.

I. Aufstände und Barrikadenkämpfe (1830–1848)

Das hier besprochene Material stammt aus zwei Kapiteln des Buches: „Soziale Bewegung" und „Haussmannisierung, Barrikadenkämpfe".

Das erste, was einem auffällt, ist Benjamins Interesse, ja seine Faszination für Barrikaden. Sie erscheinen im Laufe der Zitate und Kommentare als materieller, im urbanen Raum sichtbarer Ausdruck des Aufstands der Unterdrückten im 19. Jahrhundert, als Klassenkampf auf Seiten der unteren Schichten. Die Barrikade ist ein Synonym für einen – oft niedergeschlagenen – Volksaufstand und eine revolutionäre Unterbrechung des normalen Ablaufs der Dinge, die sich in das Gedächtnis der Bevölkerung, in die Geschichte der Stadt, ihrer Straßen und Gassen eingeschrieben hat. Sie veranschaulicht die Nutzung der städtischen Geografie in ihrer Materialität durch die Beherrschten: die Enge der Straßen, die Höhe der Häuser, die Pflasterung der Gassen. Sie ist auch für die Aufständischen ein verzauberter Moment, eine profane Erleuchtung, die den Unterdrückern das Medusengesicht der Revolte „inmitten roter Blitze" vor Augen führt und die, wie es in einem Gedicht des Blanquisten Tridon heißt, „in den Blitzen und im Aufruhr" leuchtet. Schließlich ist sie eine Art utopischer Ort, der die sozialen Beziehungen der Zukunft vorwegnimmt: So ist der Bau der Barrikade nach einer hier zitierten Formel von Fourier ein Beispiel für eine attraktive Arbeit.[2]

Benjamins Neugierde auf die Details des Barrikadenbaus ist grenzenlos. Er notiert die Anzahl der Pflastersteine – 8 125 000, um die 4054 Barrikaden der „Drei glorreichen Jahre“[3] von 1830 zu errichten – die Verwendung von umgestürzten Omnibussen (Pferdekutschen) zu ihrer Befestigung,[4] die Namen der Erbauer – Napoleon Gaillard plante die mächtige Barrikade in der Rue Royale im Jahr 1871[5] – ihre Höhe – im Jahr 1848 erreichten viele die Höhe einer ersten Etage[6] – das Auftauchen der roten Fahne im Jahr 1832[7], usw. Er berichtet auch über die unorthodoxen Methoden des Volkskampfes rund um die Barrikaden: zum Beispiel das Werfen von Möbeln oder Pflastersteinen aus den Fenstern auf die Köpfe der Soldaten[8]. Es scheint, als wolle er durch diese Details ein möglichst genaues Bild der Barrikade als eines materiellen Ortes, eines konstruierten städtischen Raums und eines kraftvollen Symbols für Paris als revolutionäre Hauptstadt des 19. Jahrhunderts entwerfen.

Und vor allem interessiert er sich für die Rolle der Frauen in den Barrikadenkämpfen: Wir sehen sie kochendes Öl oder Wasser auf die Soldaten gießen; „sulfateuses“ bespritzen sie mit Vitriolöl, andere stellen Pulver her.[9] Im Juli 1830 zog eine junge Frau Männerkleidung an, um an der Seite der Männer zu kämpfen: Sie wurde von den aufständischen Kanonieren im Triumph zurückgebracht. Auch die Frauenbataillone, Eugénie Niboyet und die „Vésuviennes“ werden erwähnt.[10] In Ermangelung eines Kommentars können wir nur vermuten, dass Benjamin die Überschreitung der ihnen vom Patriarchat auferlegten sozialen Rolle durch die aufständischen Frauen anerkennt.

Bleibt die Frage nach der aufrührerischen Wirksamkeit der Barrikade. Benjamin zitiert die Meinung eines Historikers über den siegreichen Aufstand vom Juli 1830: „Die Straßen von Saint-Denis und Saint-Martin sind [...] der Segen der Aufständischen [...] Eine Handvoll Aufständischer hinter einer Barrikade hielt ein Regiment in Schach.“[11]

Das Urteil von Friedrich Engels – obwohl er 1847 einen Einakter über einen Straßenkampf mit Barrikaden in einem deutschen Kleinstaat schrieb, der mit dem Triumph der Republikaner endete[12] – fällt nüchterner aus: Die Wirkung der Barrikaden ist eher moralisch als materiell, sie sind vor allem ein Mittel, die Entschlossenheit der Soldaten zu erschüttern[13].

Die beiden Ansichten sind nicht widersprüchlich, und in Ermangelung eines ausdrücklichen Kommentars Benjamins könnte man annehmen, dass er sie als komplementär betrachtet.

Es sei hinzugefügt, dass die Barrikade nicht die einzige Methode des aufständischen Kampfes war. Blanqui – eine Figur, die häufig in Benjamins Aufzeichnungen auftaucht – und seine Kameraden in der „Société des Saisons“ bevorzugten offensivere Formen des Straßenkampfes, die dem revolutionären „Handstreich“ näher standen. So hatte er am 12. Mai 1839 tausend Mann zwischen der Rue Saint-Denis und der Rue Saint-Martin konzentriert, in der Absicht, „neue Truppen zu nutzen, die mit den Umwegen der Pariser Straßen nicht vertraut waren“[14].

Benjamins Aufmerksamkeit richtet sich nicht nur auf die Aufständischen, sondern auch auf das Verhalten des Gegners im gnadenlosen Kampf der Klassen – der Mächtigen, der Herrschenden. Nach den Aufständen von 1830, 1831 und 1832 plante die Macht – Louis Philippe, die Julimonarchie – den Bau von Befestigungsanlagen in den „sensiblen" Vierteln. 1833 prangerte der Republikaner Arago diese „Einschließung von Paris" an: „Alle geplanten Festungen würden sich auf die populärsten Viertel der Hauptstadt auswirken [...] Zwei der Festungen, die von Italien und Passy, würden ausreichen, um das gesamte linke Seine-Ufer in Brand zu setzen".[15] Auch Blanqui prangerte 1850 die ersten Versuche einer urbanen Militarisierung von Paris an, die ein gewisser M. de Havrincourt angeregt hatte: Nach dieser strategischen Theorie des Bürgerkriegs sollten sich die Truppen nicht in den Brennpunkten der Unruhen aufhalten, sondern es sollten Zitadellen gebaut und Soldaten in Garnisonen untergebracht werden, geschützt vor der Ansteckung des Volkes.[16]

Polizei und Armee arbeiteten bei der Unterdrückung der Volksaufstände zusammen:

Wie Hugo in *Die Elenden* erzählt, durchsuchten im Juni 1832 Polizeibeamte auf Befehl des Präfekten Gisquet die Kanalisation nach den letzten besiegten Mitgliedern des republikanischen Aufstands, während die Truppen von General Bugeaud das öffentliche Paris durchkämmten[17]. Benjamin bemerkt auch, dass beim Aufstand im Juni 1848 zum ersten Mal Artillerie im Straßenkampf eingesetzt wurde.[18]

Benjamins Auszüge und Kommentare aus dieser frühen Periode zeichnen ein Bild von Paris als Ort des Aufruhrs, des Überschwangs des Volkes, der immer wiederkehrenden, manchmal siegreichen Aufstände (Juli 1830, Februar 1848), deren Siege aber von der Bourgeoisie konfisziert werden, um den Preis, neue Aufstände zu schüren (Juni 1832, Juni 1848), die blutig niedergeschlagen werden. Jede Klasse versuchte, den städtischen Raum zu ihrem Vorteil zu nutzen und zu verändern. Es wird in Umrissen eine Tradition der Unterdrückten erkennbar, deren sichtbarer materieller Ausdruck die Barrikade ist.

II. Haussmannisierung: Die Reaktion der Mächtigen (1860–1870)

Die Haussmannisierung von Paris – d.h. der Durchbruch großer „strategischer" Boulevards im Stadtzentrum, Schneisen, die die „üblichen aufständischen Viertel" zerstören – unternommen von Baron Haussmann, Präfekt von Paris unter Napoleon III. – war die Antwort der herrschenden Klassen auf die unerträgliche Wiederholung von Volksaufständen und auf ihre bevorzugte Kampfmethode, die Barrikade.

Die als Verschönerung, Erneuerung und Modernisierung der Stadt dargestellte Maßnahme ist in Benjamins Augen ein paradigmatisches Beispiel für den vollkommen mystifizierenden Charakter der bürgerlichen Fortschrittsideologie. Dies gilt auch für ein anderes Argument, das zur Rechtfertigung der Arbeiten herangezogen wurde: die Hygiene, die Beseitigung der „ungesunden" Viertel, die „Durchlüftung" des Pariser Zentrums. Für einige seiner Befürworter, die von Georges Laronze, dem Biographen von Baron Haussmann (1932), zitiert werden, sind die hygienischen und strategischen Argumente eng miteinander verbunden: Die neuen Straßenzüge würden „am Kampf gegen Krankheiten und Revolutionen teilnehmen; sie würden strategische Routen sein, die die Quellen von Epidemien durchdringen und mit der Ankunft der belebenden Luft die Ankunft der Streitkräfte ermöglichen, indem sie [...] die Kasernen mit den Vororten verbinden".[19]

Das modernisierende Werk Haussmanns wurde noch im zwanzigsten Jahrhundert bewundert, wie vom Autor eines 1929 in Berlin erschienenen Buches über Paris, Fritz Stahl, den Benjamin mit einem Anflug von Ironie zitiert: Der Präfekt von Paris, so dieses begeisterte Plädoyer „dieses einzigen genialen Städtebauers der modernen Zeit, der mittelbar auch alle amerikanischen Großstädte geschaffen hat", habe „Paris nicht zerstört, sondern vollendet": „Erst dadurch können seine Straßen diese Funktion erfüllen, die Stadt zu einer sinnfälligen Einheit zu machen.[20]

Vom Gegenteil überzeugt, sammelt der Autor des *Passagen-Werks* Zitate, die in allen Tönen den zutiefst zerstörerischen Charakter des von Haussmann unternommenen Werks anprangern – der im Übrigen nicht zögerte, sich mit großer Selbstzufriedenheit als „Abrisskünstler"[21] zu bezeichnen. Benjamins Kommentare zu diesem Thema sind recht explizit: „Wie Baron Haussmann gegen die Traumstadt anzog, die Paris 1860 noch war";[22] er zitiert ausführlich aus dem Werk *Paris nouveau et Paris futur* eines gewissen Victor Fournel, das „eine Vorstellung vom Ausmaß der von Haussmann verursachten Zerstörungen" gibt; indem er die alten Gebäude niederreißt, scheint es, dass der „Abrisskünstler" versuchte, das historische Gedächtnis der Stadt auszulöschen. „Das moderne Paris", so Fournel, „ist ein Parvenü, mit dem alles anfangen soll, und der die alten Paläste und Kirchen abreißt, um an ihrer Stelle schöne weiße Häuser mit Stuckverzierungen und Gipsstatuen zu bauen". In dem, was Benjamin als „seine bemerkenswerte Darstellung der Untaten Haussmanns" bezeichnet, beschreibt Fournel das alte Paris als eine Ansammlung von Kleinstädten, jede mit ihrer eigenen Einzigartigkeit: „Das ist es, was man dabei ist, auszulöschen [...], indem wir überall dieselbe geometrische und geradlinige Straße durchstoßen, die ihre Häuserreihen, immer dieselben, in einer Perspektive von einer Meile ausdehnt."[23] Gleicher Tenor bei zwei anderen Autoren, die in diesem Zusammenhang oft zitiert werden, Dubech und D'Espezel: „Paris hat für immer aufgehört, ein Konglomerat von Kleinstädten zu sein, die ihre eigene Physiognomie, ihr eigenes Leben hatten, in denen man geboren wurde, in denen man starb, in denen man gerne lebte"[24].

Es scheint, als greife Benjamin mit dem Thema der Haussmannisierung von Paris eine seiner grundlegenden Kritiken an der kapitalistischen Moderne auf: ihren homogenisierenden Charakter, ihre unendliche Wiederholung des Gleichen unter dem Deckmantel der „Neuheit“, ihre Auslöschung der kollektiven Erfahrung und der Erinnerung an die Vergangenheit. Das ist der Sinn eines weiteren Zitats von Dubech und D'Espezel: Das erste auffällige Merkmal des Werks des Präfekten von Paris ist „die Verachtung der historischen Erfahrung [...] Haussmann zeichnet eine künstliche Stadt, wie in Kanada oder im Fernen Westen [...]“; die von ihm gebauten Straßen „sind überraschende Durchbrüche, die von irgendwoher kommen, um im Nirgendwo zu landen und alles umzustürzen, was sich ihnen in den Weg stellt“[25]. Aus menschlicher Sicht ist die wichtigste Folge dieser imperialen Modernisierung – so mehrere Kommentatoren, darunter der Urbanist Le Corbusier[26] – die Verödung von Paris, das zu einer „trostlosen und tristen“ Stadt geworden ist, in der „die Einsamkeit, die lange Göttin der Wüsten“, sich niederlassen wird.“[27]

Das Werk des „Abrisskünstlers“ brachte jedoch nicht nur Unglückliche hervor; für eine Handvoll Privilegierter war es dank der Immobilienspekulation ein ausgezeichnetes Geschäft. Den finanziellen, merkantilen, kurz kapitalistischen Aspekt der Haussmannisierung, dokumentiert Benjamin sehr detailliert durch eine Vielzahl von Belegen.[28] Zu den Profiteuren gehört das Gefolge des Präfekten: eine Legende, von Dubech und D'Espezel zitiert, lässt Madame Haussmann diese naive Betrachtung anstellen: „Es ist seltsam, jedes Mal, wenn wir ein Gebäude kaufen, liegt es an einem Boulevard“[29].

Ich gebe zu, dass ich die Funktion dieses oder jenes Zitats nicht immer verstehe. Welchen Sinn hat zum Beispiel der unglückliche Versuch eines bescheidenen Kohlenhändlers, dank eines gefälschten und um mehrere Jahre rückdatierten Mietvertrags eine sehr hohe Entschädigung für seine Hütte zu erhalten?[30] Was bedeutet für Benjamin die folgende Bemerkung von Victor Fournel: „Les Halles ist nach allem, was man hört, das untadeligste Gebäude, das in den letzten zwölf Jahre errichtet wurde [...] Es finden sich dort logische Harmonien, die den Verstand durch den Beweis ihrer Bedeutung befriedigen"?[31] In seinem Kommentar zu Le Corbusiers Buch *Urbanisme* bezeichnet Benjamin das Kapitel, in dem „die verschiedenen Arten von Schaufeln, Spitzhacken, Schubkarren usw." beschrieben werden, die der Präfekt von Paris benutzte, als „sehr wichtig".[32] Warum ist dies sehr wichtig?

Solche Fragen sind bei der Untersuchung eines unvollendeten Projekts wie dem *Passagen-Werk* unvermeidlich; sie bieten sich für eine unendliche Anzahl von Hypothesen und Interpretationen an. Aber die grundsätzliche Problematik dieser drei Abschnitte ist nicht weniger deutlich zu erkennen.

Einer der wichtigsten Aspekte betrifft den politischen Charakter des Werks von Baron Haussmann als Ausdruck – *Ausdruck*, einer der Lieblingsbegriffe Benjamins – des autoritären und willkürlichen Charakters der Macht, d. h. des Zweiten Kaiserreichs von Louis Napoleon Bonaparte. In den Werken des kaiserlichen Präfekten trägt jeder Stein „das Zeichen der despotischen Macht" (Julius Meyer, 1869)[33]: Sie sind, so J.-J. Honegger in einem Werk von 1874, die „vollkommen passende Darstellung der kaiserlich absoluten Regierungsprincipien", und sein „gründliche[r] Haß aller Individualitäten"[34]. Dies war auch die Ansicht von Auguste Blanqui, der in Benjamins Augen die radikalste Opposition zu Napoleon III. verkörperte: Die Haussmannisierung von Paris – „eine der großen Plagen des Zweiten Kaiserreichs" – war das Produkt von „mörderischen Phantasien des Absolutismus"; durch seine „menschentötende Erhabenheit" erinnert es an die Arbeiten der Pharaonen Ägyptens („hundert Pyramiden von Cheops") oder der römischen Kaiser der Dekadenz.[35]

Diese politische Dimension der imperialen Urbanisierung ist für Benjamin umso wichtiger, als das Zweite Kaiserreich mit seinem grenzenlosen Autoritarismus, seiner bonapartistischen Personalisierung der Macht, seiner Manipulation der Massen, dem großspurigen Pomp seiner Rituale und Architektur und seiner engen Verbindung zu all dem, „was Schwindel und Betrug ist"[36], nicht ohne Affinitäten zu Hitlers „Drittem Reich" ist – gewiss nicht zu dem der Vernichtungslager des Zweiten Weltkriegs, sondern dem der ersten Jahre des Regimes (1933–1936), wie sie von Bertolt Brecht in seinen Stücken *Furcht und Elend des Dritten Reiches* und *Der aufhaltsame Aufstieg des Arturo Ui* beschrieben – und angeprangert – wurden.

In einem der prägnantesten Kommentare dieses Kapitels scheint Walter Benjamin nicht nur seine

Ansichten über Haussmann und Napoleon III. zusammenzufassen, sondern auch über die Macht der herrschenden Klassen im Allgemeinen: „Die Herrschenden wollen ihre Position festhalten mit Blut (Polizei), mit List (Mode), mit Zauber (Prunk)".[37]

Bevor wir uns dem Kapitel über „das Blut" zuwenden, einige Worte zum Prunk, der sich nicht nur in der monumentalen Theatralik der Haussmannschen Perspektiven ausdrückt, sondern auch in den spektakulären Zeremonien, die der Präfekt zu Ehren seines Kaisers veranstaltet. Dies reicht von der beeindruckenden Dekoration der Champs-Élysées zum Geburtstag von Louis Napoleon Bonaparte,[38] – einhundertzwanzig durchbrochene Arkaden, die auf einer doppelten Säulenreihe ruhen – bis hin zu den zweitausend Triumphbögen, flankiert von fünfzig Kolossen mit seinem Abbild, die den Kaiser bei seinem Einzug in Paris „im Galopp der fünfzig Pferde seiner Kutsche" empfangen – eine monumentale Fassade, die, so Arsène Houssaye 1856, „die Götzenanbetung der Untertanen für den Herrscher illustriert."[39] Der kaiserliche Prunk wird auch an einer erstaunlichen Stelle von Heinrich Mann (aus einem Aufsatz von 1931) beschworen, dem es gelingt, in wenigen Worten die Quintessenz des kaiserlichen Regimes und seinen Klassencharakter zu beschreiben: „Die Spekulation, die wichtigste Lebensfunktion dieses Reiches, die zügellose Bereicherung, der gigantische Genuß, alle drei theatralisch verherrlicht in Schaustellungen und Festen, die allmählich an Babylon mahnten; – und neben diesen blendenden Massen der Apotheose, hinter ihnen [...] dunkle Massen, die erwachten [...].“[40] Wie kann man diese „dunklen Massen, die erwachten“, neutralisieren?

Wenn das Hauptziel von Napoleon III., seine politische Berufung schlechthin, laut Gisèle Freund[41] darin bestand, „die ‚bürgerliche Ordnung‘ sicherzustellen“[42], war diese Frage von entscheidender Bedeutung: Wie kann man die rebellische Tradition der Pariser Bevölkerung brechen, wie kann man sie daran hindern, ihre Lieblingswaffe, die Barrikade, einzusetzen? Die elegante Lösung, die gefunden wurde, bestand nach den Worten des Präfekten von Paris selbst darin, das „übliche Viertel des Aufstandes zu durchbrechen“[43]. Ein reaktionärer Autor, Paul-Ernest de Rattier – für den „nichts unnützer und unmoralischer ist als ein Aufruhr“ – beschwor bereits 1857 das Idealbild eines modernisierten Paris, in dem ein System von Kommunikationswegen „geometrisch und parallel alle Arterien [von Paris] mit einem einzigen Herzen, dem Herzen der Tuileries, verbindet“ und so „eine bewundernswerte Methode zur Verteidigung und Aufrechterhaltung der Ordnung“[44] darstellt.

Hier berühren wir den wichtigsten Aspekt der Haussmannisierung: ihren Charakter der „strategischen Verschönerung“ (der Ausdruck stammt aus den 1860er Jahren). Die „strategische Tatsache“, stellen Dubech und d’Espezel fest, gebietet die „Ausweidung der alten Hauptstadt“[45]. Doch war es Friedrich Engels, der den politisch-militärischen Aspekt von Haussmanns Werk am besten zusammenfasste: Es war, wie er schrieb, die „spezifisch-bonapartistische Manier [...] lange, gerade und breite Straßen mitten durch die enggebauten Arbeiterviertel zu brechen", mit dem strategischen Ziel „der Erschwerung des Barrikadenkampfes"[46].

Einer der großen Vorteile der neuen gradlinigen Boulevards bestand darin, den Einsatz von Kanonen gegen potenzielle Aufständische zu ermöglichen – eine Situation, die prophetisch in einem Satz von Pierre Dupont aus dem Jahr 1849 anklingt, den Benjamin dem Kapitel über die Haussmannisierung voranstellt: „Die schwankenden Hauptstädte haben sich den Kanonen geöffnet".[47]

Kurz, die „strategischen Verschönerungen" des Barons Haussmann waren eine rational geplante Methode, um jede Andeutung einer Revolte im Keim zu ersticken und sie, falls sie doch stattfand, effektiv niederzuschlagen – mit dem letzten Mittel der Mächtigen: Blut ... wie Benjamin selbst in *Paris, Hauptstadt des neunzehnten Jahrhunderts* (1935) schreibt, das als eine Art Einführung in das *Passagen-Werk* angesehen werden kann: „Die Wirksamkeit Haussmanns fügt sich dem napoleonischen Imperialismus ein. Dieser begünstigt das Finanzkapital. [...] Der wahre Zweck der Haussmannschen Arbeiten war die Sicherung der Stadt gegen den Bürgerkrieg. Er wollte die Errichtung von Barrikaden für alle Zukunft unmöglich machen. [...] Die Breite der Straßen soll ihre Errichtung unmöglich machen und neue Straßen sollen den kürzesten Weg zwischen den Kasernen und Arbeitervierteln herstellen."[48]

Bezüge zum Zeitgeschehen der 1930er Jahre sind im *Passagen-Werk* selten. Hier eine der eindrucksvollsten: „Haussmanns Tätigkeit wird heute, wie der Spanische Krieg zeigt, mit ganz andern Mitteln ins Werk gesetzt.“[49] Benjamin bezieht sich auf die Bombardierung der baskischen Stadt Guernica und bestimmter Arbeiterviertel in Madrid durch die Luftwaffe. Wäre die Bombardierung aus der Luft eine moderne Form der „strategischen Verschönerung“, die der Präfekt von Paris erfunden hat? In Benjamins Bemerkung steckt selbstverständlich eine gewisse bittere Ironie. Die Analogie, die er zieht, bezieht sich wahrscheinlich auf zwei wesentliche Aspekte der Haussmannisierung: die Zerstörung ganzer Stadtviertel und die präventive Zerschlagung von „Zentren der Revolution“.

Ich glaube jedoch nicht, dass der Verfasser des Passagen-Werks ein Identitätszeichen zwischen diesen beiden Ereignissen, die von Grund auf verschieden sind, setzen wollte, und noch weniger eine historische Genealogie. Seine kleine Bemerkung skizziert vielmehr eine Art einzigartige Konstellation zwischen zwei völlig unterschiedlichen Modalitäten der „strategischen Zerstörung“ durch die herrschenden Klassen, der Zerstörung der Städte als Mittel zur Aufrechterhaltung der Ordnung und zur Neutralisierung der Arbeiterklassen. Seine Ironie zielt auch ohne Zweifel auf die konformistische Fortschrittsideologie: Seit Haussmann haben die Mächtigen in ihren Zerstörungsmitteln und in ihren technischen Instrumenten im Dienst des Bürgerkriegs erhebliche „Fortschritte gemacht“. Wer kann die

Überlegenheit von Hitlers Bombern der Luftwaffe gegenüber den bescheidenen Schaufeln und Hacken des Präfekten von Napoleon III. leugnen?

Wie haben die Pariser Revolutionäre der 1860er Jahre – vor der Pariser Kommune – auf die Herausforderung der Haussmannisierung reagiert? Wie reagierten sie auf die kaiserliche Modernisierung der Stadt? Tatsächlich gab es während des Zweiten Kaiserreichs nur sehr wenige Aufstandsversuche. Benjamin erwähnt nur einen, der von Auguste Blanqui im Jahr 1870 organisiert wurde: „Für den Blanqui'schen Putsch vom 14 August 1870 waren 300 Revolver [und] 400 schwere Dolche bereitgestellt. Bezeichnend für die damaligen Formen des Straßenkampfes ist, daß die Arbeiter den Revolvern die Dolche vorzogen."[50]. Wie ist diese kryptische Bemerkung zu interpretieren? Man kann annehmen, dass Benjamin lediglich die Vorliebe der blanquistischen Aufständischen für „Nahkampf"-Methoden feststellt, die dem alltäglichen Gebrauch des Messers als Arbeits- oder Verteidigungsmittel nahe kommen. Wahrscheinlicher ist jedoch, dass seine Bemerkung einen kritischen Beigeschmack hatte, indem er die „technische Rückständigkeit" der Revolutionäre und das eklatante Missverhältnis zwischen ihrem bevorzugten Kampfmittel, dem Dolch, und den Waffen, die den Ordnungsmächten zur Verfügung standen, den Gewehren und Kanonen, hervorhob.

III. Die Pariser Kommune (1871)

Dieses Kapitel des *Passagen-Werks* ist viel kürzer als die beiden vorangegangenen: nur sechs Seiten (im Vergleich zu 25 und 26). Es ist geprägt von einer gewissen Ambivalenz des Autors gegenüber der Kommune von 1871.

Nehmen wir die entscheidende Frage nach dem Verhältnis der Kommune zur Französischen Revolution. Benjamin stellt fest: „Die Kommune fühlt sich durchaus als Erbin von 1793.“[51] Dies spiegelt sich sogar in der Geografie der Kommune wider, die durchtränkt ist von historischer Erinnerung, da „eines der letzten Widerstandszentren der Kommune: die place de la Bastille“[52] war.

Der Autor des *Passagen-Werks* hätte diese intensive Beziehung des aufständischen Pariser Volkes zu seiner revolutionären Tradition als eindrucksvolles Beispiel für den „Tigersprung ins Vergangene“ im Moment der Gefahr behandeln können, der Revolutionen kennzeichnet, wie es in den Thesen *Über den Begriff der Geschichte* (1940) heißt. Die Kommune hätte unter diesem Gesichtspunkt ein weitaus attraktiveres Fallbeispiel sein können als die Revolution von 1789, die sich – laut Marx zu Unrecht – an der Römischen Republik orientierte (ein Beispiel, das Benjamin in den Thesen von 1940 in positivem Licht zitiert). Die verschiedenen von Benjamin zitierten Kommentare zur Kommune lassen jedoch eher auf eine kritische Haltung schließen, die durch seine eigenen Notizen bestätigt wird. Zum Beispiel, wenn er feststellt: „Ibsen sah weiter als manche Führer der Kommune in Frankreich. Am 20. Dezember 1870 schreibt er an [seinen Freund] Brandes: ‚Wovon wir bis heute leben, das alles sind ja doch nur Brosamen vom Revolutionstisch des vorigen Jahrhunderts'"[53]. Noch deutlicher und strenger ist die Meinung des deutschen Marxisten – und Marx-Biographen –Franz Mehring in einem Artikel *Zum Gedächtnis der Pariser Kommune*, der 1896 in der *Neuen Zeit* veröffentlicht wurde: „Mit dem Falle der Kommune sind auch die letzten Überlieferungen der alten revolutionären Legende für immer gefallen [...]. In der Geschichte der Kommune werden die Keime dieser Revolution noch überwuchert von den Schlingpflanzen, die aus der bürgerlichen Revolution des achtzehnten Jahrhunderts in die revolutionäre Arbeiterbewegung des neunzehnten Jahrhunderts hinübergewuchert waren."[54]

Da Benjamin sich zu diesem Text nicht äußert, ist nicht klar, ob er diese Einschätzung tatsächlich teilt, aber seine Bemerkung über Ibsens Weitsicht geht in die gleiche Richtung.

Das Mindeste, was wir sagen können: Mehrings Meinung steht in völligem Widerspruch zu dem, was Marx in seinem berühmten Text über die Kommune von 1871, *Der Bürgerkrieg in Frankreich*, geschrieben hatte, indem er sie eher als Vorbotin der kommenden Revolutionen darstellt. Doch Benjamin zitiert nicht nur kein einziges Mal dieses „klassische" Dokument des Marxismus – das von Lenin sehr geschätzt wurde –, sondern zieht es vor, auf eine späte Bemerkung von Engels in einem Gespräch mit Bernstein im Jahr 1884 zu verweisen, dem er, ohne das Marx'sche Dokument ausdrücklich zu kritisieren, „gestand, [...] daß dies ‚unter Umständen gerechtfertigt, selbst nötig' gewesen wäre". Engels betont die Vorherrschaft der Blanquisten und Proudhonianer unter den Akteuren des Aufstands, „die man deshalb nicht als soziale Revolutionäre geschweige als Marxisten bezeichnen durfte"[55] – ein Urteil, das, nebenbei gesagt, in seinem ersten Teil ungerecht (war der Proudhonianer Varlin nicht ein „sozialer Revolutionär"?) und in seinem zweiten anachronistisch ist (1871 gab es keine „Marxisten"!).

Auf jeden Fall scheint Benjamin Engels' schlechte Meinung von Proudhon und seinen Anhängern zu teilen: „Die Illusionen, die noch der Kommune zugrunde lagen, kommen schlagend in Proudhons Formel zum Ausdruck, seinem Appell an die Bourgeoisie: ‚Sauvez le peuple sauvez vous-même, comme faisaient vos pères, par la Révolution.'"[56] Und in einem anderen Kommentar bemerkt er:

„Es war der Proudhonist Beslay, der als Delegierter der Kommune sich [...], bestimmen ließ, im Interesse Frankreichs die zwei Milliarden [der Banque de France] [...] unangetastet zu lassen. Mit Hilfe der Proudhonisten des Conseil setzte er seine Absicht durch."[57] Die Nichtexpropriation der Bank war bekanntlich einer der Hauptvorwürfe, die Marx gegen die Praxis der Kommunarden erhob. Dennoch ist Benjamins Kritik oft fragwürdig: Kann Proudhons Appell an die Bourgeoisie („Rettet das Volk") wirklich als repräsentativ für die Ideen der Kommune angesehen werden?

Diese Frage wird auch in dem Exposé *Paris, die Hauptstadt des XIX. Jahrhunderts* von 1935 gestellt: „Wie das kommunistische Manifest die Epoche der Berufsverschwörer beendet, so macht die Kommune mit der Phantasmagorie ein Ende, die die Frühzeit des Proletariats beherrscht. Durch sie wird der Schein zerstreut, daß es Aufgabe der proletarischen Revolution sei, Hand in Hand mit der Bourgeoisie das Werk von 1789 zu vollenden. Diese Illusion beherrscht die Zeit von 1831 bis 1871, vom Lyoner Aufstand bis zur Pariser Kommune. Die Bourgeoisie hat nie diesen Irrtum geteilt."[58]

Die Formulierung ist zweideutig und könnte als Lob der Kommune gelesen werden, die in ihrer entmystifizierenden Rolle mit dem *Manifest* von Marx und Engels verglichen wird. Die Stelle kann aber auch als Verurteilung interpretiert werden, da die Kommune nur die letzte Episode dieser „Phantasmagorie" war. Die Zitate aus dem *Passagen-Werk* würden diese zweite Lesart eher untermauern.

Wie lässt sich diese Distanz, diese Ambivalenz Benjamins gegenüber der Kommune und seine beharrliche Kritik am Erbe von 1793 erklären? Man könnte versuchen, seine Haltung in einen bestimmten historischen Kontext einzuordnen: die politische Situation in Frankreich Mitte der 1930er Jahre. Die beiden längsten Zitate im Kapitel über die Kommune stammen von April 1935 und Mai 1936: Man kann davon ausgehen, dass ein Teil – oder sogar der größte Teil – des Materials in den Jahren 1935–36, den Jahren der Volksfront, gesammelt wurde. Die Strategie der Kommunistischen Partei Frankreichs bestand seit 1935 darin, eine Koalition mit der demokratischen Bourgeoisie – vermeintlich vertreten durch die Radikale Partei – im Namen bestimmter gemeinsamer Werte anzustreben: die Philosophie der Aufklärung, die Republik, die Prinzipien der Großen Revolution (1789–1793).

Aus seiner Korrespondenz wissen wir, dass Benjamin ernsthafte Vorbehalte gegen diese Ausrichtung der französischen Linken hatte.

Es ist daher möglich, dass Benjamins Kritik an den Illusionen der Kommune – die seiner Meinung nach durch Proudhons Appell an die Bourgeoisie im Namen der Französischen Revolution repräsentiert werden – in Wirklichkeit ein, wenn auch impliziter und indirekter, Zweifel an der Politik der Kommunistischen Partei Frankreichs jener Zeit ist.

Dies ist selbstverständlich nur eine Hypothese, aber sie entspricht Benjamins Idee einer kritischen Geschichtsschreibung, die aus der Sicht der Gegenwart geschrieben wird – ein fruchtbarer Ansatz, der jedoch nicht unproblematisch ist und die Gefahr der Verzerrung birgt.

In diesem kurzen Kapitel werden gewiss auch Aspekte der Kommune in einem positiven Licht dargestellt. Das ist insbesondere der Fall bei einem Zitat Aragons, das einem in der Zeitschrift *Commune* im April 1935 veröffentlichten Artikel entnommen ist. Aragon zitiert Rimbaud und feiert die „Jeanne-Marie der Faubourgs“, deren Hände

> „so fahl sind sie, so auserkoren,
> seitdem die Sonne liebestoll,
> blitzte auf Mitrailleusenrohren,
> als durch Paris der Aufruhr schwoll!“.[59]

Die Beteiligung von Frauen an der Kommune wird auch in einem anderen Absatz desselben Textes von Aragon erwähnt, der in den Versammlungen der Kommune neben Dichtern, Schriftstellern, Malern und Wissenschaftlern auch „Pariser Arbeiterinnen“ bemerkt.[60] Wie wir im Zusammenhang mit den Volksaufständen von 1830–1848 gesehen haben, ist die revolutionäre Rolle der Frauen für Benjamin einer der wichtigsten Aspekte der „Tradition der Unterdrückten“ in Paris. Um diese Rolle zu dokumentieren, zögert er nicht, reaktionäre Dokumente zu verwenden, wie z. B. den Stich, der die Kommune als eine auf einer Hyäne reitenden Frau darstellt, hinter sich schwarze Flammen brennender Häuser ...[61]

Seltsamerweise werden die Barrikaden in diesen Notizen über die Kommune nicht mehr erwähnt. Unabhängig vom Schweigen und den Zweideutigkeiten besteht kein Zweifel daran, dass der Bürgerkrieg von 1871 in Benjamins Augen ebenfalls ein bemerkenswertes Beispiel für die Stadt – Paris – als Ort unbarmherziger Klassenauseinandersetzungen darstellt.

Theologie und Antifaschismus bei Walter Benjamin

Der Aufstieg des Faschismus in Italien, Deutschland, Österreich und Spanien in der ersten Hälfte des 20. Jahrhunderts wurde häufig mit christlich-theologischen Argumenten unterstützt, legitimiert und ermächtigt. Carl Schmitt ist nur der begabteste und gelehrteste Vertreter dieser reaktionären Nutzung des theologischen Erbes. Aber christliche und jüdische Autoren verwenden die theologische Hermeneutik auch im Dienst des Antifaschismus und des Sozialismus (utopisch, libertär oder marxistisch). Walter Benjamin ist einer ihrer interessantesten Vertreter; sein Denken ist hauptsächlich von jüdisch-messianischen Bezügen inspiriert, aber christliche Figuren und Bilder tauchen, wie wir sehen werden, ebenfalls in seinem politisch-theologischen Diskurs auf.

Benjamin war einer der ersten Intellektuellen der deutschen Linken, der die Ideologie des Faschismus anprangerte. 1930 veröffentlichte er einen polemischen Artikel gegen den mystischen Kriegskult Ernst Jüngers unter dem Titel *Theorien des deutschen Faschismus.* Die Schlussfolgerung dieses Textes ist eindeutig: Der „magischen“ Kriegsrede der Faschisten muss die „Ausführung des marxistischen Tricks“ entgegengesetzt werden, „der allein diesem finsteren Runenzauber gewachsen ist“ – nämlich die Verwandlung des Krieges in einen „Bürgerkrieg“[1]. Nach der Machtübernahme der Nationalsozialisten und seiner Flucht ins Exil (1933) blieb der Kampf gegen den Faschismus in seinen Schriften sehr gegenwärtig. Das belegt die berühmte Schlussfolgerung des Aufsatzes *Das Kunstwerk im Zeitalter seiner technischen Reproduzierbarkeit* (1935): Auf die faschistische Ästhetisierung der Politik müssen Marxisten mit der Politisierung der Kunst antworten. Der Faschismus erscheint in diesen Texten als eine seltsame Mischung aus archaischer Kultur und technologischer Modernität, doch ist es dieser zweite Aspekt, der in der zweiten Hälfte der 1930er Jahre vorherrscht.

In seinem letzten Text, den Thesen *Über den Begriff der Geschichte* (1940), findet sich eine scharfe Kritik an den Illusionen der in der Ideologie des linearen Fortschritts gefangenen Linken, die den Faschismus als Ausnahme von der Fortschrittsnorm, als unerklärliche „Regression", als Klammer im Vormarsch der Menschheit zu betrachten scheint.

Zwei Beispiele verdeutlichen, was der Verfasser der Thesen sagen will:

— Für die Sozialdemokratie war der Faschismus ein Relikt der Vergangenheit, anachronistisch und vormodern. Karl Kautsky erklärte in seinen Schriften der 1920er Jahre, dass der Faschismus nur in einem halbagrarischen Land wie Italien möglich sei, sich aber in einer modernen Industrienation wie Deutschland niemals durchsetzen könne...

— Die offizielle (stalinistische) kommunistische Bewegung war ihrerseits davon überzeugt, dass Hitlers Sieg im Jahr 1933 nur von kurzer Dauer sein würde: Es sei eine Frage einiger Wochen oder Monate, bevor das Naziregime von den Kräften der Arbeiterklasse und fortschrittlicher Kreise unter der weisen Führung der KPD hinweggefegt würde.

Benjamin hatte die Modernität des Faschismus, seine enge Beziehung zur zeitgenössischen industriellen/kapitalistischen Gesellschaft genau erfasst. Deshalb kritisiert er in These VIII diejenigen – dieselben –, die sich wundern, dass der Faschismus im 20. Jahrhundert „noch" möglich ist, verblendet von der Illusion, dass wissenschaftlicher, industrieller und technischer Fortschritt mit sozialer und politischer Barbarei unvereinbar ist. Wir brauchen, so Benjamin in einer der vorbereitenden Notizen zu den Thesen, eine Theorie der Geschichte, „von der aus der Faschismus *gesichtet* werden kann."[2] Nur eine Konzeption ohne Fortschrittsillusionen könne eine Erscheinung wie den Faschismus erklären, der tief im modernen industriellen und technischen „Fortschritt" verwurzelt ist und der letztlich in letzter Analyse *nur* im 20. Jahrhundert möglich war. Die Einsicht, dass der Faschismus in den „zivilisiertesten" Ländern triumphieren kann und dass der „Fortschritt" ihn nicht automatisch verschwinden lassen wird, wird unsere Position im antifaschistischen Kampf verbessern, denkt Benjamin. Ein Kampf, dessen Ziel es ist, „den *wirklichen* Ausnahmezustand" zu erreichen, d. h. die Abschaffung der Herrschaft, die klassenlose Gesellschaft.

Ab 1933, und erst recht nach dem Münchner Abkommen des Jahres 1938, erschien die Sowjetunion Benjamin, wie auch vielen linken Intellektuellen in ganz Europa, als einziger Ausweg gegen die faschistische Bedrohung, als letztes Hindernis für die imperialistischen Ambitionen des Dritten Reiches. In einem Brief an Max Horkheimer vom 3. August 1938 drückte er „unter den gewichtigsten Vorbehalten" die Hoffnung aus, dass die Sowjetunion – die er unverblümt als „das gegenwärtige russische Regiment", als „das persönliche mit all seinen Schrecken" bezeichnete – „jedenfalls derzeit, noch" als „Agentin unserer Interessen in einem künftigen Kriege" angesehen werden könnte. Er fügt hinzu, dass es sich um ein Mittel handelt, das das „denkbar kostspieligste ist, indem wir [es] mit Opfern bezahlen müssen, die ganz besonders die uns als Produzenten naheliegenden Interessen schmälern".[3] – Ein Ausdruck, der sich zweifellos auf die Emanzipation der Arbeiter und den Sozialismus bezieht. Der Molotow-Ribbentrop-Pakt (1939) sollte dieser letzten Illusion einen schweren Schlag versetzen.

Es ist zweifellos dieses letzte Ereignis, auf das er sich in These X bezieht, wenn er von den „Politikern spricht, in die die Gegner des Faschismus ihre Hoffnung gesetzt hatten", die „am Boden liegen" und „ihre Niederlage durch Verrat an der eigenen Sache verschlimmern". Der Ausdruck meint ohne Zweifel die (stalinistischen) Kommunisten, die „ihre Sache verrieten", indem sie einen Pakt mit Hitler schlossen. Genauer gesagt, bezieht sich der Begriff auf die KPD (Kommunistische Partei Deutschlands), die – im Gegensatz zur sowjetischen KP – am Boden lag. In Benjamins Augen liegt die Hoffnung eines konsequenten Kampfes gegen den Faschismus eher bei der kommunistischen Bewegung als bei der Sozialdemokratie. Der Pakt hat jedoch diese Hoffnung erschüttert. Der „Verrat" bezieht sich nicht nur auf das Abkommen zwischen Molotow und Ribbentrop, sondern auch auf dessen Legitimierung durch die verschiedenen europäischen kommunistischen Parteien, die sich der sowjetischen „Linie" anschlossen.[4] Tatsächlich teilte Benjamin die kategorische Verurteilung des Paktes mit mehreren anderen deutschen Kommunisten im Pariser Exil, wie seinem Freund Heinrich Blücher (Hannah Arendts Ehemann), Willy Münzenberg oder Manès Sperber.[5]

Im Jahr 1938 wird ebenfalls eine theologische Dimension wieder auftauchen und seine antifaschistische Reflexion stark prägen, ohne dass diese aufhört, sich auf den Marxschen historischen Materialismus zu beziehen.

Im selben Jahr veröffentlichte Benjamin eine Besprechung des Romans der im Exil lebenden deutsch-jüdischen kommunistischen Schriftstellerin Anna Seghers, *Die Rettung*, unter dem Titel *Eine Chronik der deutschen Arbeitslosen* (1938). Dieser in mehrfacher Hinsicht überraschende Text kann als eine Art Fortsetzung des großen Essays *Der Erzähler* von 1936 gesehen werden: Seghers wird nicht als Romanautorin, sondern als Erzählerin und ihr Buch als Chronik vorgestellt, was ihr in den Augen des Rezensenten einen sehr hohen geistigen und politischen Wert verleiht. Er vergleicht ihre Kunst mit jener der Miniaturen aus der Zeit der Malerei vor der Entdeckung der Perspektive oder der Chronisten des Mittelalters, deren Figuren in einer Zeit leben, die „das Reich Gottes [...] als Katastrophe [ereilt]". Die Katastrophe, die über die Arbeitslosen und die deutschen Arbeiter hereinbrach, das Dritte Reich, ist das genaue Gegenteil dieses Reich Gottes: „Aber sie ist etwas wie sein Gegenbild, das Heraufkommen des Antichrist. Dieser äfft bekanntlich den Segen nach, der als – messianischer verheißen wurde. So äfft das Dritte Reich den Sozialismus nach."[6] Was Benjamin hier skizziert – über einen kommunistisch inspirierten Roman! –, ist eine Art theologische – jüdisch-christliche – Kritik des Nationalsozialismus als falscher Messias, als Antichrist, als teuflische Manifestation eines betrügerischen und listigen bösen Geistes. Der Antichrist ist bekanntlich eine archaische Figur, die zum ersten Mal in den Johannesbriefen auftaucht, die aber ihren Ursprung in der Vorstellung vom Antimessias hat, die bereits im Judentum präsent ist. Sie ist eschatologischer Natur und bezieht sich auf einen bösen Hochstapler, der versucht, sich kurz vor dem Ende der Welt an die Stelle von Jesus Christus zu setzen.

So wird der Sozialismus von Benjamin theologisch als Äquivalent der messianischen Verheißung interpretiert, während das Hitler-Regime, dieser ungeheure Schwindel, der sich als „nationalsozialistisch" ausgibt, der Antichrist, d. h. die teuflische Macht ist: Der Ausdruck „die strahlende Nazihölle“ taucht später im Text auf. Benjamin wurde zu dieser erstaunlichen Parallele wahrscheinlich durch die Schriften seines Freundes und Briefpartners, des Schweizer protestantischen Theologen – und militanten revolutionären Sozialisten – Fritz Lieb, inspiriert, der bereits 1934 den Nationalsozialismus als den modernen Antichristen bezeichnet hatte. In einem Vortrag aus dem Jahr 1938 brachte Lieb seine Hoffnung zum Ausdruck, in einer letzten Schlacht gegen die Juden würde der Antichrist besiegt und der Messias – Christus – erscheinen. Die Folge wäre die Errichtung seines Tausendjährigen Reiches.[7]

Nachdem er Anna Seghers für ihre mutige und unverblümte Anerkennung der Niederlage der Revolution in Deutschland gewürdigt hat, schließt Benjamin seinen Beitrag mit der quälenden Frage: „Werden sich diese Menschen befreien?“ Die einzige Hoffnung wäre eine Erlösung – wiederum ein messianisches Konzept –, aber woher sollte sie kommen? Die Antwort ist diesmal profan: Die Rettung wird von den Kindern kommen, den proletarischen Kindern, von denen der Roman spricht.

Der Begriff des „Antichristen“ findet sich in den Thesen von 1940 wieder. In These VI kommt ja der Messias „nicht nur als Erlöser; er kommt als der Überwinder des Antichrist“. Tiedemann bemerkt ein erstaunliches Paradoxon: „Nirgends in den geschichtsphilosophischen Thesen spricht Benjamin unmittelbarer theologisch als hier, nirgends meint er es materialistischer“. Der Messias muss als die proletarische Klasse und der Antichrist als die herrschenden Klassen erkannt werden.[8]

Die Bemerkung ist zutreffend, aber es sollten noch ein paar Details hinzugefügt werden. Benjamin war sich dessen bewusst, dass die proletarischen Massen durch den Faschismus mystifiziert werden können. In einem Artikel, der für die Konferenz von Pontigny über Baudelaire (1939) verfasst wurde, stellte Benjamin fest, dass die Menschenmassen heute „von den Händen der Diktatoren geknetet werden". Aber er gibt die Hoffnung nicht auf, „in diesen versklavten Massen Kerne des Widerstands zu erkennen – Kerne, die die revolutionären Massen der Achtundvierziger und der Kommunarden bildeten".[9] Mit anderen Worten: In einem Moment höchster Gefahr gibt es eine rettende Konstellation, die die Gegenwart mit der Vergangenheit verbindet. Eine Vergangenheit, in der trotz allem, in der dunklen Nacht des triumphierenden Faschismus, der Stern der Hoffnung leuchtet – der messianische *Stern der Erlösung* Franz Rosenzweigs –, der Funke des revolutionären Aufbruchs.

In Benjamins Augen ist das profane Äquivalent – der „Korrespondent" im Sinne von Baudelaires *Korrespondenzen* – des Messias heute die Keimzelle des antifaschistischen Widerstands, die zukünftigen revolutionären Massen, die die Tradition des Juni 1848 und die des April–Mai 1871 erben. Was den Antichristen betrifft – dieses christliche Theologumenon, das er ohne Zögern in seine messianische Argumentation expliziter jüdischer Inspiration integriert –, ist sein weltliches Gegenstück, wie wir oben gesehen haben, nicht die „herrschenden Klassen im Allgemeinen“, sondern das Hitlersche Dritte Reich.

Wie kann diese messianische Theologie mit dem historischen Materialismus in Einklang gebracht werden?

Diese Frage wird von Benjamin in These I ausdrücklich erörtert. Um diese paradoxe Verbindung zwischen Materialismus und Theologie zu erklären, entwirft Benjamin eine ironische *Allegorie*: ein Schachspielautomat – den „man ‚historischen Materialismus' nennt“ – kann dank eines im Gerät versteckten Zwergs – die Theologie – jedes Spiel gewinnen.

Versuchen wir, die Bedeutung der Elemente zu entschlüsseln, aus denen sich diese seltsame Allegorie zusammensetzt.

Zunächst zum *Automaten*: Er ist eine Puppe oder Attrappe. Die Verwendung von Anführungszeichen – ‚historischen Materialismus' – und die Wendung des Satzes deuten darauf hin, dass es sich bei diesem Automaten nicht um den „wahren“ historischen Materialismus handelt, sondern um das, was *man* so nennt. Wer ist „man“? Die wichtigsten Sprachrohre des Marxismus seiner Zeit, d.h. die Ideologen der Zweiten und Dritten Internationale. In den Augen von Benjamin wird der historische Materialismus in ihren Händen tatsächlich zu einer Methode, die die Geschichte als eine Art *Maschine* betrachtet, die *automatisch* zum Triumph des Sozialismus führt. Für diesen *mechanischen* Materialismus führen die Entwicklung der Produktivkräfte, der wirtschaftliche Fortschritt, die „Gesetze der Geschichte“ zwangsläufig und automatisch zur endgültigen Krise des Kapitalismus und zum Sieg des Proletariats (kommunistische Version) oder zu den Reformen, die die Gesellschaft schrittweise umgestalten werden (sozialdemokratische Version). Aber dieser Automat, diese Attrappe, diese mechanische Puppe, ist nicht in der Lage, das *Spiel zu gewinnen.*

„Das Spiel zu gewinnen“ hat hier eine doppelte Bedeutung:

— die Geschichte richtig zu interpretieren und gegen das Geschichtsbild der Unterdrücker zu kämpfen;
— den historischen Feind selbst, die herrschenden Klassen, zu besiegen – im Jahr 1940: den Faschismus.

Für Benjamin sind die beiden Bedeutungen in der unauflöslichen Einheit von Theorie und Praxis eng miteinander verbunden: Ohne eine korrekte Interpretation der Geschichte ist es schwierig, wenn nicht gar unmöglich, den Faschismus wirksam zu bekämpfen. Die Niederlage der marxistischen Arbeiterbewegung – in Deutschland, Österreich, Spanien, Frankreich – gegen den Faschismus zeigt die Unfähigkeit dieser seelenlosen Puppe, dieses sinnentleerten Automaten, „das Spiel zu gewinnen“ – ein Spiel, bei dem es um die Zukunft der Menschheit geht.

Um zu gewinnen, braucht der historische Materialismus die Hilfe der Theologie: Sie ist der *Zwerg,* der in der Maschine steckt. Diese Allegorie ist, wie wir wissen, von einem Essay von Edgar Allan Poe inspiriert – übersetzt von Baudelaire –, den Benjamin gut kannte: *Maelzels Schach-Spieler.* Es geht um einen schachspielenden Automaten, der 1769 vom Baron Wolfgang von Kempelen am Wiener Hof vorgestellt wurde und nach verschiedenen Abenteuern auf einer von dem Wiener Erfinder und Unternehmer Johann Nepomuk Maelzel organisierten Reise in die USA gelangte. Poe beschreibt diesen Automaten als eine „als ein Türke costümirte Figur", deren linke Hand „eine Tabakspfeife" hält und die, wenn sie eine Maschine wäre, „jedes Spiel gewinnen" müsste. Eine der Erklärungshypothesen von Poe lautet, „der Mechanismus – werde von einem Zwerg betätigt", der sich zuvor in dem Apparat versteckt hätte.[10] Die Ähnlichkeit – fast Wort für Wort – mit These I ist offensichtlich.

Meiner Ansicht nach ist die Beziehung zwischen Poes Text und Benjamins These nicht nur anekdotisch. Die philosophische Schlussfolgerung von „Maelzels Schachspieler" lautet: „da es ja so gut wie gewiß ist, daß die [...] Operationen unserer Automate vom *Menschengeiste* gelenkt werden und von nichts anderem."[11] Poes *Geist* wird bei Benjamin zur *Theologie,* d.h. zum *messianischen Geist,* ohne den der historische Materialismus nicht „das Spiel gewinnen" und die Revolution nicht über den Faschismus triumphieren kann.

Mir scheint, dass Ralph Tiedemann sich irrt, wenn er in seinem ansonsten sehr interessanten Buch über Benjamins Thesen schreibt: „Der

Zwerg Theologie bleibt nicht, was er war: lebendig; der Automat als ganzer ist ebenso tot wie die Puppe – vielleicht stellt er bereits jenes Toten- und Trümmerfeld dar, als welches Geschichte in der neunten These vor dem Engel sich erstreckt."[12] Wenn das Ganze, einschließlich des Zwerges, tot und ruiniert ist, wie kann er dann das Spiel gegen den Gegner gewinnen? Die These legt genau das Gegenteil nahe: Dank der belebenden Wirkung des Zwergs wird das Ganze lebendig und aktiv.

Die Theologie kann, wie der Zwerg in der Allegorie, heute nur noch auf *okkulte* Weise *innerhalb* des historischen Materialismus agieren. In einem rationalistischen und agnostischen Zeitalter ist es eine Alte, „klein und häßlich", die sich verstecken muss … Seltsamerweise scheint Benjamin sich nicht an diese Regel zu halten, denn in seinen Thesen ist die Theologie sehr wohl *sichtbar*. Vielleicht ist dies ein Rat an die Leser des Dokuments: Verwenden Sie die Theologie, aber zeigen Sie sie nicht. Oder, da der Text nicht zur Veröffentlichung bestimmt war, bestand vielleicht auch keine Notwendigkeit, den buckligen Zwerg vor den Augen der Öffentlichkeit zu verbergen. In jedem Fall ähnelt die Argumentation derjenigen einer Anmerkung im *Passagen-Werk*, die Benjamin in die Vorbereitungsunterlagen für die Thesen aufgenommen hatte: „Mein Denken verhält sich zur Theologie wie das Löschblatt zur Tinte. Es ist ganz von ihr vollgesogen. Ginge es aber nach dem Löschblatt, so würde nichts, was geschrieben ist, übrig bleiben"[13]. Erneut das Bild einer bestimmenden – aber unsichtbaren – Präsenz der Theologie im Herzen des „profanen" Denkens. Das Bild ist im Übrigen recht kurios: Wie diejenigen wissen, die dieses heute nicht mehr gebräuchliche Mittel gebraucht haben, sind die Spuren der Schrift immer noch auf der Oberfläche des Löschblattes zu sehen, allerdings seitenverkehrt!

Was bedeutet „Theologie" für Benjamin? Der Ausdruck verweist auf zwei grundlegende Begriffe: das *Eingedenken* und die *messianische Erlösung*. Beides sind wesentliche Bestandteile des neuen „Geschichtsbegriffs", den die Thesen konstruieren.

Wie also ist das Verhältnis zwischen Theologie und Materialismus zu interpretieren? Diese Frage wird in der Allegorie auf äußerst paradoxe Weise dargestellt: Zunächst erscheint der theologische Zwerg als Herr des Automaten, den er als Instrument benutzt; am Ende heißt es jedoch, der Zwerg stehe „im Dienst" des Automaten. Was bedeutet diese Umkehrung? Eine Hypothese wäre, Benjamin wolle die *dialektische Komplementarität* zwischen beiden aufzeigen: Theologie und historischer Materialismus sind mal der Herr, mal der Diener, sie sind zugleich Herr und Diener des anderen, sie brauchen einander.

Der Gedanke, dass die Theologie „im Dienst" des Materialismus steht, muss ernst genommen werden. Diese Formel kehrt die traditionelle scholastische Definition der Philosophie als *ancilla theologiae*, als „Magd der Theologie", um. Für Benjamin ist die Theologie kein Selbstzweck, sie zielt nicht auf die unfassbare Betrachtung der ewigen

Wahrheiten und noch weniger, wie ihre Etymologie andeutet, auf die Reflexion über das Wesen Gottes: Sie steht *im Dienst* des Kampfes der Unterdrückten. Genauer muss sie dazu dienen, die explosive, messianische, revolutionäre Kraft des historischen Materialismus wiederherzustellen – der von seinen Epigonen zu einem erbärmlichen Automaten reduziert wurde. Der historische Materialismus, den Benjamin in den folgenden Thesen für sich beansprucht, ergibt sich aus dieser Verlebendigung, dieser geistigen Aktivierung durch die Theologie.

Nach Gerhard Kaiser, „theologisiert" Benjamin in den Thesen den Marxismus, *ist* „[d]iese Theologie [...] der historische Materialismus, [...] der wirkliche und wahre", seine Geschichtsphilosophie eine Theologie der Geschichte. Diese Art der Auslegung zerstört das empfindliche Gleichgewicht zwischen den beiden Komponenten, indem sie die eine auf die andere reduziert. Jeder einseitige Reduktionismus – in die eine oder andere Richtung – ist unfähig, die Dialektik zwischen Theologie und Materialismus und deren gegenseitige Notwendigkeit zu erklären.

Umgekehrt ist Krista Greffrath der Meinung, dass die „Theologie der Geschichtsthesen [...] eine *Hilfskonstruktion*" sei, notwendig, um „die Überlieferungen der Vergangenheit der Hand ihrer gegenwärtigen Verwalter zu entreißen". Diese Interpretation birgt die Gefahr einer allzu kontingenten und *instrumentellen* Sichtweise der Theologie, während sie in Wirklichkeit eine wesentliche Dimension von Benjamins Denken seit seinen ersten Schriften von 1913 ist.

Heinz-Dieter Kittsteiner schließlich sieht eine Art Funktionsunterscheidung zwischen Puppe und Zwerg: „[d]er historische Materialist tritt der Gegenwart als Marxist, der Vergangenheit als Theologe des Eingedenkens gegenüber." Doch diese Arbeitsteilung entspricht in keiner Weise Benjamins Vorstellungen: Für ihn ist der Marxismus für das Verständnis der Vergangenheit ebenso notwendig wie die Theologie für das gegenwärtige und zukünftige Handeln.[14]

Um die Bedeutung des Messianismus bei Benjamin besser zu verstehen, ist es nützlich, eine wichtige Passage aus These II zu analysieren: „Ist dem so, dann besteht eine geheime Verabredung zwischen den gewesenen Geschlechtern und unserem. Dann sind wir auf der Erde erwartet worden. Dann ist uns wie jedem Geschlecht, das vor uns war, eine *schwache* messianische Kraft mitgegeben, an welche die Vergangenheit Anspruch hat"[15]. Mit anderen Worten: Die messianische/revolutionäre Erlösung ist eine Aufgabe, die uns von früheren Generationen übertragen wurde. Es gibt keinen vom Himmel gesandten Messias: Wir selbst sind der Messias, jede Generation hat einen Anteil an der messianischen Macht, die sie ausüben muss.

Die aus Sicht des orthodoxen Judentums häretische Annahme einer dem Menschen zugeschriebenen „messianischen Kraft" findet sich auch bei anderen mitteleuropäischen jüdischen Denkern, wie etwa Martin Buber.[16] Doch während sie für ihn eine Hilfskraft ist, die uns befähigt, mit Gott am Erlösungswerk mitzuwirken, scheint für Benjamin diese Dualität *aufgehoben* zu sein. Gott ist abwesend, und die messianische Aufgabe wird ganz den menschlichen Generationen überlassen. Der einzig mögliche Messias ist kollektiv: die Menschheit selbst – und genauer die unterdrückte Menschheit. Es geht nicht darum, auf den Messias zu warten oder den Tag seiner Ankunft zu berechnen – wie bei den Kabbalisten und anderen jüdischen Mystikern, die die *Gematria* praktizieren, sondern kollektiv zu handeln. Die Erlösung ist eine Selbsterlösung, deren säkulare Entsprechung bei Marx zu finden ist: Die Menschen machen ihre eigene Geschichte, die Emanzipation der Arbeiter wird das Werk der Arbeiter selbst sein.

Warum ist diese messianische Macht *schwach*? Vielleicht ist dies die melancholische Schlussfolgerung, die Benjamin aus den vergangenen und gegenwärtigen Misserfolgen des Emanzipationskampfes zieht. Die Erlösung ist alles andere als sicher, sie ist nur eine kleine Möglichkeit, die es zu ergreifen gilt.

Nach Jürgen Habermas kann das Recht, das die Vergangenheit auf unsere messianische Macht beansprucht, „nur durch eine immer wieder erneuerte kritische Anstrengung des historischen Blicks auf eine erlösungsbedürftige Vergangenheit erfüllt werden“.[17] Diese Bemerkung ist zwar legitim, aber zu restriktiv. Die messianische Kraft ist nicht nur *kontemplativ* – „der Blick auf die Vergangenheit“. Sie ist auch *aktiv*. Die Erlösung ist eine revolutionäre Aufgabe, die sich in der Gegenwart verwirklicht. Es geht nicht nur um die Erinnerung, sondern, wie in These I dargelegt, darum, *das Spiel zu gewinnen* gegen einen mächtigen und gefährlichen Gegner: den Faschismus. Wenn der jüdische Prophetismus sowohl an eine Verheißung erinnert als auch zu einer radikalen Umgestaltung aufruft, dann treffen sich bei Benjamin die Kraft der prophetischen Tradition und die Radikalität der marxistischen Kritik in der Forderung nach einer Erlösung, die nicht einfach nur die Wiederherstellung der Vergangenheit ist, sondern auch die aktive Umgestaltung der Gegenwart.

Im September 1940 wurde Benjamin von der spanischen Polizei in Port Bou, an der Grenze zwischen Vichy-Frankreich und Francos Spanien, verhaftet. Als ihm die Auslieferung an die Gestapo drohte, wählte er den Freitod: Es war sein letzter Akt des Widerstands gegen den Faschismus.

Die Sicht der Besiegten in der Geschichte Lateinamerikas

Methodische Überlegungen auf der Grundlage von Walter Benjamin

Wir haben uns daran gewöhnt, verschiedene Geschichtsphilosophien danach zu klassifizieren, ob sie progressiv oder konservativ, revolutionär oder nostalgisch rückblickend sind. Walter Benjamin entzieht sich diesen Klassifizierungen. Er ist ein revolutionärer Kritiker der Philosophie des Fortschritts, ein romantischer Gegner des Konservatismus, ein Nostalgiker der Vergangenheit, der von der Zukunft träumt, ein von der Theologie faszinierter Materialist. Er ist im strengen Sinne des Wortes *nicht einzuordnen.* Seit 1924 verstand er sich als historischer Materialist, aber seine von der deutschen Romantik und dem jüdischen Messianismus genährte Marx-Lektüre war ganz und gar heterodox.

Die erstaunlichste und radikalste Formulierung der neuen Geschichtsphilosophie Walter Benjamins findet sich zweifellos in den Thesen *Über den Begriff der Geschichte* – geschrieben, wie wir wissen, 1940, kurz vor seinem Selbstmord in Port Bou, seinem letzten Ausweg, um der Gestapo zu entkommen.

Benjamins grundlegende Forderung in diesem Dokument ist es, die Geschichte „gegen den Strich" zu schreiben, d.h. *aus der Sicht der Besiegten* – gegen die konformistische Tradition des deutschen Historismus, dessen Vertreter sich stets „in den Sieger einfühlen“ (These VII).

Es versteht sich von selbst, dass sich das Wort „Sieger“ für Benjamin nicht auf die üblichen Schlachten oder Kriege bezieht, sondern auf den Klassenkrieg, in dem eine Seite, die herrschende Klasse, nicht aufgehört hat, die Unterdrückten zu besiegen (These VII) – von Spartacus, dem rebellischen Gladiator, bis zu Rosa Luxemburgs Spartakusgruppe und vom römischen Imperium bis zu Hitlers *Tertium Imperium*.

Der Historismus fühlt sich empathisch in die herrschenden Klassen ein. Er betrachtet die Geschichte als eine glorreiche Abfolge von politischen und militärischen Erfolgen. Indem er die Mächtigen lobt und ehrt, verleiht er ihnen den Status von Erben der Vergangenheit. Mit anderen Worten, er nimmt – wie jene Gestalten, die den Lorbeerkranz über das Haupt des Siegers heben, – teil an „jenem Triumphzug, der die heute Herrschenden über die dahinführt, die heute am Boden liegen“ (These VII). Die Beute, die bei dieser Prozession mitgeführt wird, sind die so genannten „Kulturgüter“. Wir dürfen, wie Benjamin betont, den Ursprung dieser Güter nicht vergessen: „Es ist niemals ein Dokument der Kultur, ohne zugleich ein solches der Barbarei zu sein“ (These VII). So wurden die Pyramiden in Ägypten von hebräischen Sklaven erbaut oder der Palast von Cortés in Cuernavaca von versklavten Indianern errichtet.

Benjamins Kritik des Historismus ist von der marxistischen Geschichtsphilosophie inspiriert, hat aber auch einen nietzscheanischen Ursprung. In einem seiner frühen Werke, *Vom Nutzen und Nachteil der Historie für das Leben* (zitiert in These XII), spottet Nietzsche über die „gesättigte Bewunderung der Mächtigen und Großen“[1] der Historisten, ihre „Götzendienste des Tatsächlichen“ und ihre Neigung, sich der „Macht der Geschichte“ zu beugen. Da der Teufel der Meister des Erfolgs und des Fortschritts ist, besteht die wahre Tugend darin, sich der Tyrannei der Realität zu widersetzen und gegen den historischen Strom zu schwimmen.

Es gibt eine offensichtliche Verbindung zwischen diesem Pamphlet Nietzsches und Benjamins Aufforderung, Geschichte *gegen den Strich* zu schreiben. Doch die Unterschiede sind nicht weniger wichtig: Während Nietzsche den Historismus im Namen des „Lebens“ oder des „heroischen Individuums“ kritisiert, spricht Benjamin im Namen der Besiegten. Als Marxist verortet er sich am Gegenpol zum aristokratischen Elitismus des Ersteren und identifiziert sich mit den „Verdammten der Erde“, denjenigen, die unter den Rädern jener majestätischen und prächtigen Wagen liegen, die man Zivilisation oder Fortschritt nennt.

Die Befreiungskämpfe der Gegenwart, so betont Benjamin (These XII), sind inspiriert von den Opfern der besiegten Generationen, von der Erinnerung an die Märtyrer der Vergangenheit. Übertragen auf die moderne lateinamerikanische Geschichte bedeutet dies: die Erinnerung an Cuautemoc, Tupac Amaru, Zumbi dos Palmares, José Marti, Emiliano Zapata, Augusto Sandino, Farabundo Marti ...

Benjamins Vorschlag regt eine neue Methode, einen neuen Ansatz, eine Perspektive „von unten" an, die auf alle Bereiche der Sozialwissenschaften angewendet werden kann: Geschichte, Anthropologie, Politikwissenschaft.

Benjamin hat sich nur wenig mit der Geschichte Lateinamerikas beschäftigt. Dennoch findet sich eine beeindruckende Kritik der iberischen Eroberung in einem sehr kurzen, aber äußerst interessanten Text, der von Kritikern und Spezialisten seines Werks völlig vergessen wurde: seine 1929 erschienene Rezension von Marcel Brions Werk über Bartolomé de Las Casas (1474–1566), den berühmten Bischof, der die Indianer in Mexiko verteidigte. Benjamins Rezension zu Marcel Brions *Bartholomée* [sic] *de las Casas. Père des Indiens*, (Paris, Edition Plon, „Le Rameau d'or", 1928) erschien am 21. Juni 1929 in der deutschen Zeitschrift *Die Literarische Welt*. „Die Kolonialgeschichte der europäischen Völker" schreibt Benjamin, „beginnt mit dem ungeheuerlichen Vorgang der Conquista, der die ganze neueroberte Welt in eine Folterkammer verwandelt." Die Aktionen der „spanischen Soldateska" schufen eine neue „Geistesverfassung [...], die niemand ohne Grauen sich vorstellen kann". Wie jede Kolonialisierung hatte auch die des neuen Kontinents wirtschaftliche Gründe – die immensen Gold- und Silberschätze Amerikas –, aber die offiziellen Theologen versuchten, sie mit rechtlich-religiösen Argumenten zu rechtfertigen: „Amerika sei herrenloses Gut; die Unterjochung sei die Vorbedingung der Mission; gegen die Menschenopfer der

Mexikaner einzuschreiten sei Christenpflicht." Bartolomé de Las Casas, „ein heroischer Streiter auf dem verlorensten Posten", kämpfte für die Sache der indigenen Völker und legte sich in der berühmten Kontroverse von Valladolid (1550) mit dem Chronisten und Höfling Juan Ginés de Sepúlveda an, dem „Theoretiker der Staatsraison". Schließlich gelang es ihm, vom spanischen König die Abschaffung der Sklaverei und der *Encomienda* (eine Form der Versklavung) zu erwirken – Maßnahmen, die auf dem amerikanischen Kontinent nie wirklich umgesetzt wurden.

Hier zeigt sich, wie Benjamin betont, eine geschichtliche Dialektik im Bereich der Moral: „im Namen des Katholizismus tritt ein Priester den Greueln entgegen, die im Namen des Katholizismus begangen wurden" – so wie ein anderer Priester, Bernardino de Sahagún, in seinem Werk das unter katholischer Schirmherrschaft zerstörte indianische Erbe rettete.[2] Obwohl es sich nur um einen kurzen Bericht handelt, ist Benjamins Text eine faszinierende Anwendung seiner Methode auf die Vergangenheit Lateinamerikas – die Geschichte aus der Sicht der Besiegten zu interpretieren und dabei den historischen Materialismus anzuwenden. Bemerkenswert ist auch seine Bemerkung über die kulturelle Dialektik des Katholizismus. Sie ist fast eine Vorwegnahme der künftigen Theologie der Befreiung.

Ein aktuelles lateinamerikanisches Beispiel veranschaulicht die Bedeutung der methodischen Forderung, Geschichte „gegen den Strich zu lesen": die

Feierlichkeiten zum fünfhundertsten Jahrestag der „Entdeckung Amerikas" durch Christoph Kolumbus (1492–1992). Die von Staaten, Kirchen oder Privatinitiativen organisierten kulturpolitischen Feste sind typische Manifestationen dessen, was Benjamin als Einfühlung in die Sieger – in diesem Fall die *Conquistadores* des 16. Jahrhunderts – bezeichnete, eine Einfühlung, die ausnahmslos den heutigen Mächtigen zugutekommt: den lokalen und multinationalen finanziellen und politischen Eliten, die die Macht von den ehemaligen iberischen Kolonisatoren geerbt haben.

Geschichte „gegen den Strich" schreiben bedeutet, jede emotionale Identifikation mit den offiziellen Helden des fünfhundertsten Jahrestages abzulehnen: den Eroberern und Missionaren, den europäischen Mächten, die behaupteten, den „wilden" Indianern Religion, Kultur und Zivilisation gebracht zu haben. Sie impliziert ferner, jedes Monument der kolonialen Kultur – zum Beispiel die herrlichen Kathedralen von Mexiko-Stadt oder Lima – *auch* als Dokument der Barbarei (These VII), d.h. als Produkte von Krieg, Eroberung, Unterdrückung und Intoleranz zu betrachten.

Jahrhundertelang war die „offizielle" Geschichte der Entdeckung, der Eroberung und der Evangelisierung – alle groß geschrieben – nicht nur hegemonial, sondern praktisch die einzige auf der politischen und kulturellen Bühne. Selbst unter den ersten lateinamerikanischen Sozialisten, wie dem Argentinier Juan B. Justo, finden wir zu Beginn des 20. Jahrhunderts ein bedingungsloses Zelebrieren der Eroberungskriege der „Zivilisierten“ gegen die „wilden“ indigenen Völker: „Mit einer militärischen Anstrengung, die das Leben und die Entwicklung der Masse des überlegenen Volkes nicht gefährdet, öffnen diese Kriege der Zivilisation riesige Territorien für die Zivilisation. Kann man den Europäern ihr Eindringen in Afrika vorwerfen, weil es von Grausamkeiten begleitet ist? [...] Werden wir uns vorwerfen, den indianischen Kaziken die Kontrolle über die Pampa abgenommen zu haben?“ Justo schließt seine Analyse mit einer grandiosen Zukunftsperspektive: „Sobald die wilden und barbarischen Völker beseitigt (sic) oder unterworfen sind und alle Menschen in das integriert sind, was wir heute Zivilisation nennen, wird die Welt der Einheit und dem Frieden näher sein, was sich in einer größeren Einheitlichkeit des Fortschritts widerspiegeln wird.“[3]

Erst mit der mexikanischen Revolution von 1911 beginnt diese evolutionäre, eurozentrische und kolonialistische Sichtweise in Frage gestellt zu werden. Diego Riveras Fresken in Cuernavaca im Palast von Cortés (1930) können als echter Wendepunkt in der Geschichte der lateinamerikanischen Kultur durch ihre ikonoklastische Entmystifizierung des *Conquistador* und durch die Sympathie des Künstlers mit den indigenen Kriegern, die versuchen, sich den spanischen Invasoren zu widersetzen, angesehen werden. Die historiografische Entsprechung dieses Kunstwerks findet sich in der gleichen Epoche in den Schriften des peruanischen Marxisten José Carlos Marátegui – eines Autors, der durch seinen romantischen Marxismus, seine Leidenschaft für den Surrealismus und sein Interesse am Werk von Georges Sorel viele Gemeinsamkeiten mit Walter Benjamin aufweist. In seinem bekanntesten Buch, *Sieben Versuche, die peruanische Wirklichkeit zu verstehen* (1928), bezieht sich Mariátegui auf die präkolumbianische indigene Gesellschaft als eine Art „Inka-Kommunismus", eine kollektivistische Produktionsorganisation, die den indigenen Gemeinschaften einen gewissen materiellen Wohlstand sicherte. Doch „[d]ie spanischen Eroberer zerstörten diesen großartigen Produktionsorganismus, natürlich ohne ihn ersetzen zu können".[4] Mit anderen Worten: Die Zerstörung dieser Wirtschaftsform – und folglich der Kultur, die sie genährt hat – ist eine der unbestrittensten Verantwortlichkeiten der Kolonialisierung. Das Kolonialregime desorganisierte und liquidierte die Agrarwirtschaft der Inka, ohne sie durch eine rentablere zu ersetzen. Im Gegenteil – „Spanien brachte uns das Mittelalter: Inquisition, Feudalwesen usw. Später brachte es uns die Gegenreformation: einen reaktionären Geist, die Methoden der Jesuiten, die scholastische Kasuistik."[5] Für Mariátegui sollte der Sozialismus der Zukunft in Lateinamerika ein indoamerikanischer Sozialismus sein, der sich an den indigenen Wurzeln des Kontinents orientiert, die in den bäuerlichen Gemeinschaften und im Gedächtnis des Volkes noch präsent sind.

Ein halbes Jahrhundert später bietet *Die offenen Adern Lateinamerikas* (1971, mit einem Nachwort 1981[6]), das berühmte Werk eines der größten Essayisten des Kontinents, des Uruguayers Eduardo Galeano, in einer kraftvollen Synthese die Anklage des iberischen Kolonialismus und der imperialen Ausbeutung aus der Sicht ihrer Opfer: der indigenen Völker, der schwarzen Sklaven und der Mestizen. Benjamin sprach vom „Triumphzug" der Herren und Meister, den Siegern der Geschichte (These VII). Auch Galeano beschreibt diese Kontinuität in der historischen Kette der Herrschaft: In der Geschichte der Ausplünderung Lateinamerikas stehen nebeneinander „die Konquistadoren in ihren Karavellen und – die Technokraten in den Jets, Hernán Cortés und die Marineinfanterie, die Landvögte des Königreiches und die Missionen des Weltwährungsfonds, die Gewinne der Sklavenhändler und die Dividenden von General Motors".[7] In der Debatte über die Fünfhundertjahrfeier meldete sich Galeano zu Wort und forderte in fast schon Benjamin'scher Manier: „Wir werden also die Besiegten feiern müssen, und nicht die Sieger". Es gelte, einige der ältesten Überlieferungen des Kontinents, wie z.B. die gemeinschaftliche Produktions- und Lebensweise, zu retten, weil „Amerika seine jugendlichsten Energien in seinen urältesten Quellen finden kann: Das Vergangene erzählt uns Dinge, die für die Zukunft wichtig sind."[8]

Die Debatte über die Fünfhundertjahrfeier von 1492 durchquerte auch die lateinamerikanische Kirche. In einer von ihrem Vorsitzenden Antonio Quarracino und ihrem Sekretär Darío Castrillón Hoyos unterzeichneten Erklärung vom Juli 1984 sprachen sich die konservativen Führer der lateinamerikanischen Bischofskonferenz eindeutig für eine bedingungslose Feier der Eroberung aus:

> „Das Unternehmen der Entdeckung, Eroberung und Besiedlung Amerikas – um diese historischen Meilensteine mit traditionellen Worten zu benennen – war das Werk einer Welt, in der das Wort ‚Christentum' noch einen realen Inhalt hatte. Die europäischen Völker kamen in Amerika mit einem christlichen Erbe an, das ein wesentlicher Bestandteil ihres Wesens war, so dass die Evangelisierung unverzüglich begann, sobald Kolumbus die neuen Länder im Namen der spanischen Könige in Besitz nahm. Die Präsenz und das Wirken der Kirche in diesen Ländern während dieser fünfhundert Jahre ist ein bewundernswertes Beispiel für Selbstverleugnung und Beharrlichkeit, das keiner apologetischen Argumente bedarf, um richtig gewichtet zu werden."[9]

Dagegen identifizieren sich kritische, der Befreiungstheologie nahestehende Teile der Kirche, wie Monsignore Leonidas Proaño, der „Bischof der Indios" des Äquators, mit den indigenen Völkern des Kontinents, die es ablehnen, die Fünfhundertjahrfeier „zum Gegenstand pompöser und triumphaler Feierlichkeiten zu machen, wie es die Regierungen und Kirchen Spaniens, Europas und Lateinamerikas beabsichtigen."[10] In diesen Erben von Bartolomé de Las Casas finden wir eine neue

Version der „geschichtlichen Dialektik" innerhalb des Katholizismus, auf die sich Benjamin in seiner Rezension von 1929 bezog.

Dieser kritische Standpunkt wird auch von den wichtigsten Befreiungstheologen wie Enrique Dussel, José Oscar Beozzo oder Ignacio Ellacuría (im November 1989 von der Armee in El Salvador ermordet) vertreten. Gustavo Gutierrez trug zur Debatte mit einem Buch zu Ehren von de Las Casas, *Dios o el oro en las India: siglo XVI* [11] und einem Essay über die Fünfhundertjahrfeier bei. Er wendet sich ausdrücklich gegen die offiziellen Feierlichkeiten, mit Worten, die denen Benjamins sehr nahe kommen: „Wir müssen den Mut haben, die Fakten von der Rückseite der Geschichte her zu lesen. Darin liegt unser Sinn für Wahrheit. [...] Die Geschichte, aus der Sicht des Herrschers geschrieben, hat lange Zeit wichtige Aspekte der Realität vor uns verborgen. Wir müssen die andere Geschichte kennen, die keine andere ist als die Geschichte des Anderen, des Anderen dieses Lateinamerikas, das immer noch ‚offene Adern' hat – um den berühmten Ausdruck von Eduardo Galeano zu verwenden –, eben weil er nicht in der Fülle seiner menschlichen Würde anerkannt wird."[12]

Das Komitee für das Studium der Geschichte der Kirche in Lateinamerika (CEHILA), dessen Hauptakteure wie Enrique Dussel dem Befreiungschristentum nahestehen, hat sich ebenfalls an der Debatte beteiligt. In einer Erklärung vom 12. Oktober 1989 skizzierte die CEHILA eine radikale Kritik am Christentum der Eroberer: „Die Invasoren haben den christlichen Gott benutzt, um ihre hochmütige und angebliche Überlegenheit in der Welt zu legitimieren, indem sie ihn in ein Symbol der Macht und Unterdrückung verwandelt haben. [...] Das war die Idolatrie des Abendlands." Anstatt der Entdeckung zu gedenken, schlägt die CEHILA vor, „die Aufstände gegen die Kolonialisierung, die Kämpfe der Ureinwohner und afroamerikanischen Sklaven, der Rebellion der Tupac Amaru, Lautaro und Zumbi" zu feiern – sowie die Erinnerung an jene Christen, die „diese Schreie des Schmerzes und des Protests hörten, von Bartolomé de las Casas bis Oscar Romero"[13].

In Anbetracht dieser Kritik schlugen die offiziellen Organisatoren der Feierlichkeiten vor, die Begriffe „Entdeckung" und „Eroberung" durch einen neutraleren und einvernehmlicheren Ausdruck zu ersetzen: „Die Begegnung zweier Welten". Diese Änderung der Terminologie überzeugte die Kritiker jedoch nicht. Dies war zum Beispiel der Fall bei denen, die auf Initiative der Movimento dos Sem Terra [Bewegung der Landarbeiter ohne Boden] (MST) aus Brasilien im Mai 1989 in Bogotá zum Lateinamerikanischen Treffen der Bauern- und indigenen Organisationen zusammenkamen, an dem dreißig Organisationen aus siebzehn Ländern des Kontinents teilnahmen.

In ihren Schlussfolgerungen erklärten die Delegierten dieses Treffens: „Die Mächtigen von heute sprechen von der *Begegnung zweier Welten*, und unter diesem Deckmantel wollen sie, dass wir Usurpation und Völkermord feiern. Nein, wir werden sie nicht feiern, aber wir werden unsere Kämpfe beleben, um 500 Jahre Unterdrückung und Diskriminierung zu beenden und den Weg für den Aufbau einer neuen, demokratischen und kulturell vielfältigen Gesellschaft zu ebnen, die auf den Interessen und Bestrebungen des Volkes basiert. [...] Wir rufen alle Ausgebeuteten und Unterdrückten Amerikas auf, sich an der Kampagne 500 Jahre indigener und populärer Widerstand zu beteiligen [...], um unsere Identität und unsere historische Vergangenheit zurückzugewinnen, denn das Gedächtnis der Völker ist eine ständige Inspirationsquelle für die Kämpfe um Emanzipation und Befreiung."[14]

Der fünfhundertste Jahrestag löste nicht nur Diskussionen und Kontroversen aus, sondern auch Protestaktionen in verschiedenen hispanischen Ländern im Jahr 1992 und in Brasilien im Jahr 2000. In Mexiko hatte die Zapatistische Befreiungsarmee (EZLN) geplant, ihren Aufstand mit dem fünfhundertsten Jahrestag von 1492 zusammenfallen zu lassen, doch wegen unzureichender militärischer Vorbereitung verschob sie ihre Aktion auf Januar 1994. Sie beschränkte sich 1992 auf einen Akt symbolischer Wiedergutmachung: den Umsturz der Statue des Konquistadors Diego de Mazariaga durch eine Gruppe von Indigenen aus den Bergen von Chiapas im historischen Zentrum der Kolonialstadt San Cristobal de las Casas. In Brasilien, das 1500 vom portugiesischen Seefahrer Pedro Alvares Cabral „entdeckt" worden war, gab es im Jahr 2000 ebenfalls imposante offizielle Feierlichkeiten, deren Symbol eine riesige, vom kommerziellen Fernsehsender Globo gebaute Uhr war, die die Tage und Stunden bis zum Jahrestag herunterzählte. Mit Humor und Respektlosigkeit zielten zwei junge Indianer am Tag X mit Pfeil und Bogen auf diese „Siegeruhr". Das Foto machte in der brasilianischen Presse die Runde[15]... Diese Geste reproduziert, *mutatis mutandis*, jene, von der Benjamin in der These XV berichtet: eine Episode der Julirevolution von 1830, die seiner Meinung nach von einem historischen Bewusstsein zeugt, von dem in Europa jede Spur verschwunden zu sein scheint: „Als der Abend des ersten Kampftages gekommen war, ergab es sich, daß an mehreren Stellen von Paris unabhängig von einander und gleichzeitig nach den Turmuhren geschossen wurde".[16] Wie wir sehen können, sind Politik, Geschichte, Religion und Kultur untrennbar mit den Auseinandersetzungen rund um den fünfhundertsten Jahrestag der „Entdeckung" Amerikas verwoben. Aber das hätte Walter Benjamin nicht überrascht.

Die Revolution ist die Notbremse

Die politisch-ökologische Aktualität von Walter Benjamin

Walter Benjamin war einer der wenigen Marxisten vor 1945, die eine radikale Kritik am Konzept der „Ausbeutung der Natur" und am „mörderischen" Verhältnis der kapitalistischen Zivilisation übten. Bereits 1928 prangerte er in seinem Buch *Einbahnstraße* die Vorstellung von der Beherrschung der Natur als „imperialistischen" Diskurs an und schlug eine neue Konzeption der Technik als „Beherrschung vom Verhältnis von Natur und Menschheit" vor. Wie in seinen Schriften aus den 1930er Jahren, die wir weiter unten besprechen werden, bezieht er sich auf die Praktiken vormoderner Kulturen, um die zerstörerische „Gier" der bürgerlichen Gesellschaft in ihrem Verhältnis zur Natur zu kritisieren: „Aus den ältesten Gebräuchen der Völker scheint es wie eine Warnung an uns zu ergehen, im Entgegennehmen dessen, was wir von der Natur so reich empfangen, uns vor der Geste der Habgier zu hüten." Man solle eine tiefe „Ehrfurcht im Nehmen" zeigen: „Ist einmal die Gesellschaft unter Not und Gier soweit entartet, daß sie die Gaben der Natur nur noch raubend empfangen kann, [...], so wird ihre Erde verarmen und das Land schlechte Ernten bringen."[1] Es scheint, dieser Tag ist gekommen ... In diesem Werk finden wir auch, unter dem Titel „Feuermelder", eine historische Vorahnung der Gefahren des Fortschritts, die eng mit der vom

Kapital vorangetriebenen technologischen Entwicklung zusammenhängt: Ist der Sturz der Bourgeoisie durch das Proletariat „nicht bis zu einem fast berechenbaren Augenblick der wirtschaftlichen und technischen Entwicklung vollzogen (Inflation und Gaskrieg signalisieren ihn), so ist alles verloren. Bevor der Funke an das Dynamit kommt, muß die brennende Zündschnur durchschnitten werden".[2] Benjamin irrte sich in Bezug auf die Inflation, aber nicht in Bezug auf den Krieg; aber er konnte nicht vorhersehen, dass die „chemische" Waffe, d. h. das tödliche Gas, nicht auf dem Schlachtfeld, wie im Ersten Weltkrieg, sondern zur industriellen Vernichtung von Juden, Zigeunern, Homosexuellen oder geistig Zurückgebliebenen eingesetzt werden würde. Im Gegensatz zum vulgären Evolutionsmarxismus betrachtet Benjamin die Revolution nicht als „natürliches" oder „unvermeidliches" Ergebnis des wirtschaftlichen und technischen Fortschritts (oder des „Widerspruchs zwischen Produktivkräften und Produktionsverhältnissen"), sondern als *Unterbrechung* einer historischen Entwicklung, die zur Katastrophe führt. Die Allegorie der Revolution als „Notbremse" wird bereits in diesem Abschnitt angedeutet.

Weil er diese katastrophale Gefahr wahrnimmt, versteht sich Benjamin in seinem Artikel über den Surrealismus von 1929 als *Pessimist* – ein revolutionärer Pessimismus, der nichts mit fatalistischer Resignation zu tun hat, und noch weniger mit dem konservativen, reaktionären und präfaschistischen deutschen *Kulturpessimismus* (Carl Schmitt,

Oswald Spengler, Moeller van den Bruck). Hier steht der Pessimismus im Dienst der Emanzipation der unterdrückten Klassen. Seine Sorge gilt nicht dem „Niedergang" der Eliten oder der Nation, sondern der Bedrohung der Menschheit durch den vom Kapitalismus geförderten technischen und wirtschaftlichen Fortschritt.

Benjamins pessimistische Geschichtsphilosophie wird in diesem Essay aus dem Jahr 1929 in seiner Vision der europäischen Zukunft besonders deutlich: „Pessimismus auf der ganzen Linie. Jawohl und durchaus. Mißtrauen in das Geschick der Literatur, Mißtrauen in das Geschick der Freiheit, Mißtrauen in das Geschick der europäischen Menschheit, vor allem aber Mißtrauen, Mißtrauen und Mißtrauen in alle Verständigung: zwischen den Klassen, zwischen den Völkern, zwischen den Einzelnen. Und unbegrenztes Vertrauen allein in I. G. Farben und die friedliche Vervollkommnung der Luftwaffe. Aber was nun? Was dann?"[3]

Dieser klare und kritische Blick erlaubt es Benjamin – intuitiv, aber mit einer seltsamen Schärfe – die Katastrophen zu erkennen, die Europa erwarteten und die er mit dem ironischen Satz vom „unbegrenzten Vertrauen" treffend zusammenfasst. Natürlich konnte selbst er, der pessimistischste von allen, nicht vorhersehen, welche Zerstörungen die Luftwaffe über europäische Städte und die Zivilbevölkerung bringen würde; noch weniger konnte er sich vorstellen, dass die I. G. Farben kaum ein Dutzend Jahre später für die Herstellung des Gases Zyklon B berühmt werden würde, das zur „Rationalisierung" des Völkermords eingesetzt wurde, und dass ihre Fabriken Hunderttausende von Menschen, KZ-Insassen, beschäftigen würden. Doch wie kein anderer unter den marxistischen Denkern und Verantwortlichen dieser Jahre hatte Benjamin eine Vorahnung der monströsen Desaster, die von der krisengeschüttelten industriellen/bürgerlichen Zivilisation verursacht werden könnten.

Benjamin lehnt die Doktrin des unvermeidlichen Fortschritts ab, schlägt aber eine radikale Alternative zur drohenden Katastrophe vor: die revolutionäre Utopie. Utopien, Träume von einer anderen Zukunft, entstehen, so schreibt er in *Paris, die Hauptstadt des XIX. Jahrhunderts* (1935), in enger Verbindung mit Elementen einer Urgeschichte, das heißt einer primitiven „klassenlosen Gesellschaft". Diese im kollektiven Unbewussten gespeicherten Erfahrungen aus der Vergangenheit „erzeugen in Durchdringung mit dem Neuen die Utopie."[4]

In seinem Aufsatz von 1935 über Bachofen, den für seine Forschungen zum Matriarchat bekannten Schweizer Anthropologen des 19. Jahrhunderts, konkretisiert Benjamin diesen Bezug zur Frühgeschichte. Wenn Bachofens Werk Marxisten wie Friedrich Engels und Anarchisten wie Élisée Reclus so faszinierte, dann wegen seiner „Beschwörung einer kommunistischen Gesellschaft am Anfang der Geschichte", einer klassenlosen, demokratischen und egalitären Gesellschaft, mit Formen des Urkommunismus, die eine echte „Umwälzung des Autoritätsbegriffs"[5] bedeuteten.

In archaischen Gesellschaften herrscht auch eine größere Harmonie zwischen Mensch und Natur. Im *Passagen-Werk*, seinem unvollendeten Buch über die Pariser Passagen, wendet er sich erneut in eindringlicher Form gegen die Praktiken der „Beherrschung" oder „Ausbeutung" der Natur durch die modernen Gesellschaften. Er würdigt erneut Bachofen, der gezeigt hat, dass „die seit dem 19. Jahrhundert herrschende mörderische Vorstellung der Ausbeutung der Natur keineswegs maßgebend gewesen" sei „für die matriarchalischen Verfassungen" der Vergangenheit, in denen „das vorwaltende Bild der Natur das der schenkenden Mutter war".[6]

Es geht für Benjamin nicht – wie übrigens auch nicht für Engels oder Elisée Reclus – darum, in die vorhistorische Vergangenheit zurückkehren, sondern um die Perspektive einer *neuen Harmonie* zwischen der Gesellschaft und der natürlichen Umwelt. Der Denker, der in seinen Augen dieses Versprechen einer zukünftigen Versöhnung mit der Natur verkörperte, war der utopische Sozialist Charles Fourier. Erst in einer sozialistischen Gesellschaft, in der die Produktion nicht mehr auf der Ausbeutung der menschlichen Arbeitskraft beruht, wird „die Arbeit ihrerseits den Charakter der Ausbeutung der Natur durch den Menschen abstreifen. Sie wird sich dann nach dem Modell des kindlichen Spiels vollziehen, das bei Fourier dem travail passionné der harmoniens zugrunde liegt. [...]. Eine solche vom Spiel beseelte Arbeit ist nicht die Erzeugung von Werten [,] sondern auf eine verbesserte Natur gerichtet. [...] Eine nach solchem Bilde bestellte Erde würde aufhören, ein Teil zu sein, ‚D'un monde où l'action n'est pas la sœur du rêve.'"[7]

In den Thesen *Über den Begriff der Geschichte* kehrt Benjamin noch einmal zu Fourier zurück, dem visionären Utopisten, der von einer Form der Arbeit träumte, die „weit weit entfernt, die Natur auszubeuten, von den Schöpfungen sie zu entbinden imstande ist, die als mögliche in ihrem Schoße schlummern" – „Phantastereien", mit „überraschend gesunde[m] Sinn"[8]. Das heißt nicht, dass der Verfasser der Thesen den Marxismus durch einen utopischen Sozialismus ersetzen will: Er sieht Fourier als Ergänzung zu Marx, und in derselben These XI erörtert er die Diskrepanz zwischen den Betrachtungen von Marx über das Wesen der Arbeit und dem Konformismus des sozialdemokratischen Programms von Gotha. Für den sozialdemokratischen Positivismus, den dieses Programm ebenso wie die Schriften des Ideologen Joseph Dietzgen vertrat, „läuft [die Arbeit] [...] auf die Ausbeutung der Natur hinaus, welche man mit naiver Genugtuung der Ausbeutung des Proletariats gegenüber stellt". Es handelt sich bei dieser Art von Ideologie um einen „Begriff der Natur, der sich auf unheilverkündende Art von dem in den sozialistischen Utopien des Vormärz abhebt" – eine offensichtliche Anspielung auf Fourier. Schlimmer noch, durch seine Anbetung des technischen Fortschritts und seine Verachtung für die Natur, die – laut Dietzgen – „gratis da ist" – zeigt dieser positivistische Diskurs „schon die technokratischen Züge auf, die später im Faschismus begegnen werden."[9]

In den Thesen von 1940 finden wir eine Korrespondenz – in dem Sinne, den Baudelaire diesem Begriff in seinem Gedicht *Les correspondances* gibt – zwischen Theologie und Politik: zwischen dem verlorenen Paradies, aus dem uns der Sturm entfernt, den man „Fortschritt“ nennt, und der klassenlosen Gesellschaft in der Morgendämmerung der Geschichte; ebenso wie zwischen der messianischen Ära der Zukunft und der neuen klassenlosen Gesellschaft des Sozialismus. Wie kann die permanente Katastrophe, die Anhäufung von Trümmern bis „zum Himmel“, die aus dem „Fortschritt“ (These IX) resultiert, unterbrochen werden? Auch hier ist Benjamins Antwort sowohl religiös als auch weltlich: es ist die Aufgabe des Messias, dessen weltliche „Entsprechung“ nichts anderes ist als die Revolution. Die messianisch-revolutionäre Unterbrechung des Fortschritts ist also Benjamins Antwort auf die Bedrohung der Menschheit durch das Fortbestehen des bösartigen Sturms und das Heraufziehen neuer Katastrophen. Wir befinden uns 1940, wenige Monate vor dem Beginn der Endlösung.

In den Thesen *Zum Begriff der Geschichte* bezieht sich Benjamin häufig auf Marx, distanziert sich aber in einem wichtigen Punkt kritisch von dem Autor des *Kapitals*: „Marx sagt, die Revolutionen sind die Lokomotive der Weltgeschichte. Aber vielleicht ist dem gänzlich anders. Vielleicht sind die Revolutionen der Griff des in diesem Zuge reisenden Menschengeschlechts nach der Notbremse“.[10] Implizit suggeriert das Bild, dass wir direkt in die Katastrophe oder in den Abgrund rasen, wenn die Menschheit zulässt, dass der Zug seinem Weg folgt – der bereits durch die Stahlstruktur der Schienen vorgezeichnet ist – und nichts sein Fortschreiten aufhält.

Doch selbst Walter Benjamin, der pessimistischste aller Marxisten, konnte nicht voraussehen, wie weit der Prozess der kapitalistischen Ausbeutung und Beherrschung der Natur – und seine bürokratische Kopie in den Ländern des Ostens vor dem Fall der Mauer – zu desaströsen Folgen für die gesamte Menschheit führen würde.

Einige Anmerkungen zur politisch-ökologischen Aktualität von Benjamins Überlegungen.

Zu Beginn des einundzwanzigsten Jahrhunderts sind wir Zeugen eines immer schnelleren „Fortschritts" des Zuges der kapitalistischen Zivilisation in Richtung des Abgrunds, eines Abgrunds, der als „ökologische Katastrophe" bezeichnet wird, und der im Klimawandel seinen dramatischsten Ausdruck findet. Es ist wichtig, die zunehmende Beschleunigung des Zuges zur Kenntnis zu nehmen, die schwindelerregende Geschwindigkeit, mit der er auf die Katastrophe zusteuert. In der Tat hat die Katastrophe bereits begonnen, und wir befinden uns in einem Wettlauf mit der Zeit, um zu versuchen, diese rasante Entwicklung zu verhindern, einzudämmen und zu stoppen, deren Ergebnis der Anstieg der Erdtemperatur sein wird – mit der Folge (unter anderem) der Verödung riesiger Gebiete, des Anstiegs des Meeresspiegels, des Verschwindens großer Seestädte unter dem Meer: Venedig, Amsterdam, Hongkong, Rio de Janeiro.

Es bedarf einer Revolution, schrieb Benjamin, um dieses Rennen zu stoppen. Ban Ki-Moon, der Generalsekretär der Vereinten Nationen, der keineswegs ein Revolutionär ist, hat kürzlich folgende Diagnose aufgestellt (*Le Monde*, 5. September 2009): „Wir" – dieses „wir" bezieht sich zweifellos auf die Regierungen der Welt – „haben unseren Fuß auf dem Gaspedal und rasen auf den Abgrund zu". Walter Benjamin bezeichnete den zerstörerischen Fortschritt, der Kataklysmen anhäuft, als „Sturm". Dasselbe Wort, „Sturm", taucht im Titel des neuesten Buches von James Hansen, dem US-amerikanischen NASA-Klimatologen und einem der weltweit führenden Experten für den Klimawandel, auf – es könnte von Benjamin inspiriert sein. Das 2009 veröffentlichte Buch trägt den Titel *Storms of my Grand children. The truth about the coming climate catastrophe and our last chance to save humanity* (Stürme meiner Enkel. Die Wahrheit über die kommende Klimakatastrophe und unsere letzte Chance, die Menschheit zu retten) (New York, Bloomsbury). Auch Hansen ist kein Revolutionär, aber seine Analyse des „Sturms" – der für ihn, wie für Benjamin, ein Bild für etwas weitaus Bedrohlicheres ist – ist beeindruckend klar.

Wird es der Menschheit gelingen, die revolutionäre Bremse zu ziehen? Jede Generation, schreibt Benjamin in den Thesen von 1940, hat eine „schwache messianische Kraft" erhalten: auch die unsere. Wenn wir sie nicht „bis zu einem fast berechenbaren Augenblick der wirtschaftlichen und technischen Entwicklung" nutzen, „so ist alles verloren“[11] – um Benjamins „Feuermelder“ von 1928 zu paraphrasieren.

Von den Regierungen der Welt ist – von wenigen Ausnahmen abgesehen – wenig zu erwarten. Die einzige Hoffnung sind die wirklichen sozialen Bewegungen, von denen eine der wichtigsten heute die der indigenen Gemeinschaften ist, insbesondere in Lateinamerika. Nach dem Scheitern der UN-Klimakonferenz in Kopenhagen fand 2010 ein Treffen in Cochabamba, Bolivien, statt, das von Präsident Evo Morales – der sich mit den Straßenprotesten in der dänischen Hauptstadt solidarisch gezeigt hatte – einberufen wurde, um das Thema zu diskutieren: die Internationale Konferenz der Völker gegen den Klimawandel und zur Verteidigung der Pachamama, der Mutter Erde. Die in Cochabamba verabschiedeten Resolutionen entsprechen fast wortwörtlich Benjamins Argumentation über die verbrecherische Behandlung der Natur durch die westliche kapitalistische Zivilisation, während die traditionellen Gemeinschaften sie als „großzügige Mutter“ betrachten.

Walter Benjamin war ein Prophet, d. h. nicht einer, der behauptet, die Zukunft vorauszusehen – wie das griechische Orakel –, sondern im alttestamentarischen Sinne: einer, der die Menschen auf künftige Bedrohungen aufmerksam macht. Seine Vorhersagen sind an Bedingungen geknüpft: Das wird passieren, es sei denn ... wenn nicht ... Keine Fatalität: Die Zukunft bleibt offen. Wie These XVIII besagt, ist jede Sekunde eine enge Tür, durch die das Heil kommen kann.

Anmerkungen

Vorwort

1 Michael Löwy: *Walter Benjamin. Avertissement d'incendie. Une lecture des thèses ‚Sur le concept d'histoire'* („*Feuermelder.* Eine Lektüre der Thesen ‚Über den Begriff der Geschichte'"), 2. Aufl., Paris, „L'éclat/poche", 2018.

2 Deutsch im Text. (Anm. d. Ü.)

Kapitalismus als Religion

1 Ernst Bloch: *Thomas Münzer als Theologe der Revolution* (1921). Frankfurt am Main: Suhrkamp Verlag, 1969. In dieser Neuauflage hat Bloch „wahre [...] Satanskirche" durch „Mammonskirche" ersetzt. (S. 123.)

2 Walter Benjamin: *Gesammelte Briefe (GB) II,* S. 213.

3 Zum diesbezüglichen Verhältnis Benjamins zu Bloch vgl. Werner Hamacher: *Schuldgeschichte.* In: Dirk Baecker: *Kapitalismus als Religion,* Berlin: Kulturverlag Kadmos, 2003, S. 91–92.

4 Walter Benjamin: *Kapitalismus als Religion* [Fragment], in: *Gesammelte Schriften (GS) VI,* S. 100-103. Alle Verweise auf das Fragment beziehen sich auf diese vier Seiten, so dass ich darauf verzichte, jedes Mal die entsprechende Seite zu zitieren.

5 Walter Benjamin: *Einbahnstraße.* GS IV.1, S.139.

6 Gustav Landauer: *Aufruf zum Sozialismus.* Berlin: Paul Cassirer, 1919, S. 144. – Zuerst erschienen als *Aufruf zum Sozialismus. Ein Vortrag von Gustav Landauer.* Berlin: Verlag des sozialistischen Bundes, 1911.

7 Max Weber: *Die protestantische Ethik und der Geist des Kapitalismus.* In: Max Weber: *Gesammelte Aufsätze zur Religionssoziologie.* Bd. 1, Tübingen: Mohr (Siebeck), 1978, S. 192.

8 Burkhard Lindner: *Der 11.9.2001 oder Kapitalismus als Religion.* In: Nikolaus Müller-Schöll (Hrsg.): *Ereignis. Eine fundamentale Kategorie der Zeiterfahrung. Anspruch und Aporien.* Bielefeld: transcript Verlag, 2003, S. 201.

9 Ebd., S. 207.

10 Max Weber: *Die protestantische Ethik und der Geist des Kapitalismus,* a.a.O., S. 189.

11 Adam Müller: *Zwölf Reden über die Beredsamkeit und deren Verfall in Deutschland,* Leipzig: Göschen, 1816, S. 58.

12 Bruno Archibald Fuchs: *Der Geist der bürgerlich-kapitalistischen Gesellschaft.* München: Verlag von R. Oldenbourg, 1914, S. 14–18.

13 Friedrich Nietzsche: *Ecce Homo.* In: Friedrich Nietzsche, *Kritische Studienausgabe.* (Colli/Montinari) München, Berlin, New York: dtv/de Gruyter, 1988, S. 297.

14 Max Weber: *Die protestantische Ethik und der Geist des Kapitalismus,* a.a.O., S. 203.

15 Vgl. E. Tiryakian: *The Sociological Import of a Metaphor: Tracking the Source of Max Weber's ‚Iron Cage'.* In: P. Hamilton (ed.): *Max Weber: Critical Assessments,* London: Routledge, 1991, Vol. I, 2, S. 109–120.

16 Gustav Landauer: *Aufruf zum Sozialismus,* S. 145.

17 Walter Benjamin: *Kapitalismus als Religion.* GS VI, S. 101.

18 Gustav Landauer: *Aufruf zum Sozialismus,* S. 42.

19 Walter Benjamin: *Kapitalismus als Religion.* GS VI, S. 102.

20 Erich Unger: *Politik und Metaphysik* (1921). Hrsg. von Manfred Voigt. Würzburg: Königshausen & Neumann, 1989, S. 44.

21 Während Unger nach einem Ausweg aus dem Kapitalismus im *Raum* sucht, denkt Benjamin laut Joachim von Soosten in *zeitlichen* eschatologischen Begriffen. (Vgl. *Schwarzer Freitag: die Diabolik der Erlösung und die Symbolik des Geldes.* In: Dirk Baecker [Hrsg.]: *Kapitalismus als Religion,* S. 297).

22 Gustav Landauer: *Aufruf zum Sozialismus,* S. 145.

23 Norbert Bolz: *Der Kapitalismus – eine Erfindung von Theologen?* In: Dirk Baecker (Hrsg.): *Kapitalismus als Religion,* a.a.O., S. 205.

24 Walter Benjamin: *Über den Begriff der Geschichte.* GS I.2, S. 699.

25 Ernst Bloch: *Thomas Münzer als Theologe der Revolution.* Ernst Bloch: *Gesamtausgabe,* Bd. II, Frankfurt am Main: Suhrkamp Verlag Verlag, 1969, S. 118 u. 119.

26 Erich Fromm: *Die psychoanalytische Charakterologie und ihre Bedeutung für die Sozialpsychologie* (1932). In: Erich Fromm: *Gesamtausgabe.* Stuttgart: Deutsche Verlagsanstalt, 1980, Bd. 1, S. 59–77.

27 H. Assmann, F. Hinkelammert: *A Idolatria do Mercado. Ensaio sobre Economia e Teologia.* São Paulo: Vozes, 1989.

28 Jung Mo Sung: *Deus numa economia sem coraçâo. Pobreza e neoliberalismo: um desafio à evangelizaçâo.* São Paulo: Paulinas, 1992, S. 94.

Ein historischer Materialismus mit romantischem Einschlag

1 Walter Benjamin: *Das Leben der Studenten.* GS II.1, S. 75.
2 Walter Benjamin: *Bücher, die lebendig geblieben sind.* GS III, S. 171.
3 Walter Benjamin: *Einbahnstraße.* GS, IV.1., S. 122.
4 Walter Benjamin: *Der Sürrealismus. Die letzte Momentaufnahme der europäischen Intelligenz.* GS II.1, S. 308.
5 Das Chemieunternehmen I. G. Farben nutzte während des Zweiten Weltkriegs die Zwangsarbeit von KZ-Häftlingen und produzierte das Gas Zyklon B, das zur Vernichtung der Deportierten eingesetzt wurde. Die Luftwaffe bezieht sich auf die deutsche Luftwaffe, die nach 1939 mehrere europäische Städte zerstörte.
6 Siehe Margaret Cohen: *Profane Illumination. Walter Benjamin and the Paris of Surrealist Revolution*, Berkeley: University of California Press, 1993, S. 1–2, und Löwy: *L'étoile du matin. Surréalisme et marxisme.* Paris: Syllepse, 2000.
7 Für eine detaillierte Beschreibung der Werke in ihren deutschen Originalfassungen, wie sie von Benjamin verwendet wurden, siehe *Quellenverzeichnis* in Benjamin: GS V.2, S. 1293, 1308–1309.
8 Walter Benjamin: *Das Passagen-Werk.* GS V.2, S. 815.
9 Ebd., S. 949.
10 Walter Benjamin: *Das Passagen-Werk.* GS V.1, S. 574.
11 Walter Benjamin: *Das Passagen-Werk.* GS V.2, S. 820.
12 Ebd., S. 819f.
13 Walter Benjamin: *Das Passagen-Werk.* GS V.1, S. 162.
14 Walter Benjamin: *Über einige Motive bei Baudelaire.* GS I.2, S. 634.
15 Zur Beziehung zwischen Benjamin und Trotzki siehe die aufschlussreichen Kommentare von Esther Leslie: *Walter Benjamin. Overpowering Conformism* („Überwältigender Konformismus"), London: Pluto Press, 2000, S. 228–234.
16 Walter Benjamin: *Eduard Fuchs, der Sammler und der Historiker.* GS II.2., S. 488.
17 Walter Benjamin: *Über den Begriff der Geschichte.* GS I.2, S. 693.
18 Ebd., S. 699.
19 Walter Benjamin: *Über den Begriff der Geschichte.* GS I.3, S. 1231.
20 Karl Marx u. Friedrich Engels: *Werke*, Bd. 4, Berlin: Dietz Verlag 1974, S. 493.

21 Daniel Bensaïd: *Marx l'intempestif.* Paris: Fayard, 1995.

22 Walter Benjamin: *Über den Begriff der Geschichte.* GS I.3, S. 1232. Benjamin bezieht sich auf eine Stelle in Marx' *Klassenkämpfe in Frankreich 1848–1850.* Vgl. Marx und Engels: *Werke,* Berlin, Dietz, 1962, S. 85: „Die Revolutionen sind die Lokomotiven der Geschichte." (Das Wort „Welt" kommt bei Marx nicht vor).

23 Walter Benjamin: *Über den Begriff der Geschichte.* GS I.3, S. 1239.

24 Benjamin im Anhang A der Thesen *Über den Begriff der Geschichte:* „Der Historiker [...] begründet so einen Begriff der Gegenwart als der ‚Jetztzeit', in welcher Splitter der messianischen eingesprengt sind." GS I.2, S. 704.

Wahlverwandtschaften

1 David Joseph Biale: *The Daemonic in History. Gershom Scholem and the Revision of Jewish Historiography.* (PhD Thesis) Los Angeles: University of California, 1977, S. 171. In einem Gespräch, das wir im Dezember 1979 führten, drängte mich Scholem, nicht Biales Dissertation zu verwenden, sondern sein zwei Jahre später veröffentlichtes Buch, in dem diese Verweise auf seine deutschen romantischen Quellen abgeschwächt wurden. Siehe David Biale: *Gershom Scholem. Cabale et contre-histoire.* Fr. von Jean-Marc Mandosio, Paris: Éditions de l'éclat, 2001.

2 Gershom Scholem: *Wissenschaft vom Judentum einst und jetzt* (1949). In: *Judaica I,* Frankfurt am Main: Suhrkamp, 1963, S. 147–150.

3 Gershom Scholem: *Tagebücher nebst Aufsätzen und Entwürfen bis 1923, 2. Halbband 1917–1923* [Tagebücher 1917–1923]. Frankfurt am Main: Jüdischer Verlag, 2000, S. 347.

4 Walter Benjamin: *Der Begriff der Kunstkritik in der deutschen Romantik* (1919), GS I.1., S. 12.

5 Hannah Arendt/Gershom Scholem: *Der Briefwechsel.* Herausgegeben von Marie Luise Knott unter Mitarbeit von David Heredia. Berlin: Jüdischer Verlag im Suhrkamp Verlag, 2010. S. 421. (Brief vom 28. November 1960.)

6 Walter Benjamin: *Gesammelte Briefe III,* S. 520.

7 Gershom Scholem: *Tagebücher 1917–1923,* a.a.O., S. 70.

8 Walter Benjamin: *Das Leben der Studenten,* GS II.1, S. 79.

9 Nach Gershom Scholem: *Walter Benjamin – die Geschichte einer Freundschaft.* Frankfurt am Main: Suhrkamp Verlag, 1975. S. 14.

10 Gershom Scholem: *Fidélité et Utopie, Essais sur le judaïsme contemporain*, („Treue und Utopie, Essays zum zeitgenössischen Judentum") Paris: Calmann-Lévy, 1978, S. 134.
11 Walter Benjamin: *Zur Kritik der Gewalt* (1921), GS II.1, S. 194 u. S. 203.
12 Gershom Scholem: [*Der Bolschewismus*] (1918), *Tagebücher 1917–1923*, a.a.O., S. 556f.
13 Gershom Scholem: *Walter Benjamin – die Geschichte einer Freundschaft*, S. 204.
14 Walter Benjamin: *Gesammelte Briefe II*, S. 483.
15 Gershom Scholem: *Walter Benjamin – die Geschichte einer Freundschaft*, S. 155.
16 W. Benjamin: *Der Sürrealismus. Die letzte Momentaufnahme der europäischen Intelligenz*, GS II.1, S. 295.
17 Gershom Scholem: *Walter Benjamin – die Geschichte einer Freundschaft*, S. 156f.
18 Walter Benjamin: *Gesammelte Briefe III*, S. 438.
19 Ebd., S. 158.
20 Gershom Scholem: *Walter Benjamin – die Geschichte einer Freundschaft*, S. 290.
21 Ebd., S. 292.
22 Ebd., S. 276.
23 Gershom Scholem: *Thesen über den Begriff der Gerechtigkeit*, 1919–25, Scholem Archives, Hebrew University of Jerusalem, S. 3, jetzt in Gershom Scholem: *Über Jonas. Klage und Judentum*, vorgelegt und übersetzt von Marc de Launay, Paris, Hermann, 2011, S. 40 (Übersetzung abweichend).

Walter Benjamin und der Anarchismus

1 Walter Benjamin: *Das Leben der Studenten*. GS II.1, S. 75.
2 Ebd., S. 81.
3 Ebd., S. 79.
4 Walter Benjamin: *Zur Kritik der Gewalt*. GS II.1, S. 189.
5 Ebd., S. 190.
6 Ebd., S. 191.
7 Ebd., S. 194.
8 Ebd.
9 Georges Sorel: *Réflexions sur la violence* (1908). 5. Auflage, Paris 1919. – Eine deutsche Übersetzung, *Über die Gewalt*, erschien zuerst im Universitäts-Verlag Wagner: Innsbruck, 1928.

10 Walter Benjamin: *Gesammelte Briefe II*, S. 101. – Brief vom 4. Oktober 1920.

11 Walter Benjamin: *Das Recht zur Gewaltanwendung. Blätter für religiösen Sozialismus I 4.* GS VI, S. 106f. – Benjamin bezieht sich auf Herbert Vorwerk: *Das Recht zur Gewaltanwendung.* In: *Blätter für religiösen Sozialismus.* Jahrgang I (1920) Heft 4. S. 14–16.

12 Walter Benjamin: *Kapitalismus als Religion*, GS VI, S. 102. – Benjamin zitiert hier Adam Müller: *Reden über die Beredsamkeit*, 1816.

13 Walter Benjamin: GB III, S. 159f.

14 Walter Benjamin: *Moskauer Tagebuch.* Aus der Handschrift herausgegeben und mit Anmerkungen von Gary Smith. Mit einem Vorwort von Gershom Scholem. Frankfurt am Main: Suhrkamp Verlag, 1980. S. 79.

15 Walter Benjamin: *Der Sürrealismus. Die letzte Momentaufnahme der europäischen Intelligenz.* GS II.1, S. 295.

16 Ebd., S. 297f.

17 Ebd., S. 305.

18 Ebd., S. 306.

19 Ebd.

20 Ebd., S. 307.

21 Walter Benjamin: *Johann Jakob Bachofen.* GS II.1, S. 219–233. Original in französischer Sprache. [Ich referiere hier nicht Benjamin, sondern das Vorwort der Herausgeber in: Walter Benjamin: *Écrits français.* Herausgegeben und kommentiert von Jean-Maurice Monnoyer. Paris: Gallimard, 1991, S. 117–122.]

22 Rolf Tiedemann: *Dialektik im Stillstand. Versuche zum Spätwerk Walter Benjamins.* Frankfurt am Main: Suhrkamp Verlag, 1983, S. 90.

23 Ebd., S. 129f.

24 Jürgen Habermas: *Zwischen Kunst und Politik. Eine Auseinandersetzung mit Walter Benjamin.* In: *Merkur*, Nr. 193, September 1972, S. 865.

25 Jürgen Habermas: *Der philosophische Diskurs der Moderne. Zwölf Vorlesungen.* Frankfurt am Main: Suhrkamp Verlag, 1985, S. 73.

Die chemische Hochzeit der beiden Materialismen

1 Walter Benjamin: *Gottfried Keller. Zu Ehren einer kritischen Gesamtausgabe seiner Werk* (1927). GS II.1, S. S. 288.

2 Für eine ausführlichere Diskussion dieses Begriffs, auch in Bezug auf Walter Benjamin, verweise ich auf mein Buch mit Robert Sayre: *Esprits de feu. Figures de l'anti-capitalisme romantique.* Paris: Éditions du Sandre, 2010.

3 Walter Benjamin: *Das Passagen-Werk*, GS V.II, S. 731. – Emmanuel Berl ist ein großer Experte für Verwirrung: Nachdem er mit dem französischen Faschisten Georges Vallois kollaboriert hatte, wechselte er zur Linken und unterstützte die *Front Populaire*, um sich dann Marschall Pétain anzuschließen, für den er 1941 einige Reden schrieb.

4 Siehe Walter Benjamin: *Der Sürrealismus. Die letzte Momentaufnahme der europäischen Intelligenz*, GS II.1, S. 309f.

5 Ebd., S. 310.

6 André Breton: [*Rede auf dem Schriftstellerkongress 1935.*] In: *Erster Internationaler Schriftstellerkongreß zur Verteidigung der Kultur. Reden und Dokumente.* Einleitung und Anhang von Wolfgang Klein. Berlin: Akademie-Verlag, 1982. S. 309. Bretons Beitrag nach: *Position politique du surréalisme*, Paris: Denoël/Gonthier, 1972, S. 95. – Siehe hierzu das interessante Werk von Frédéric Thomas: *Rimbaud et Marx: une rencontre surréaliste*, Paris: L'Harmattan, 2007.

7 Walter Benjamin: *Der Sürrealismus*, S. 307.

8 Ebd., S. 297.

9 Ebd.

10 Ebd., S. 307f.

11 Margaret Cohen: *Profane Illumination. Walter Benjamin and the Paris of Surrealist Revolution.* Berkeley: University of California Press, 2003.

12 Walter Benjamin: *Der Sürrealismus*, S. 299.

13 Ebd., S. 306. Es folgt ein Zitat aus *Nadja*, in dem André Breton verkündet, dass die Freiheit „in [ihrer] schlichtesten revolutionären Gestalt, (die doch, und gerade, die Befreiung in jeder Hinsicht ist) die einzige Sache bleibt, der zu dienen sich lohnt" (ebd., S. 306f.).

14 Ebd., S. 307.

15 Ebd., S. 295.

16 Siehe dazu meinen Aufsatz *Le marxisme libertaire d'André Breton.* In: *L'étoile du matin. Surréalisme et marxisme.* Paris: Syllepse, 2000.

17 Marc Berdet: *Mouvement social et fantasmagories dans Paris, capitale du XIXe siècle.* Dissertation an der Universität Paris 7, Juni 2009, S. 17.

18 *Contre Attaque. Union de lutte des intellectuels révolutionnaires* (Kampfeinheit der revolutionären

Intellektuellen). In: Maurice Nadeau: *Documents Surréalistes.* Paris: Seuil, 1948, S. 320.

19 Salvador Dali könnte eine Ausnahme sein, doch sein Anschluss an den „Monarchismus" und den Katholizismus in Spanien ist eher als Opportunismus denn als echte politische Entscheidung zu werten.

20 Auch in dieser Hinsicht war Benjamin den Surrealisten voraus: André Breton hat seine Ode an Charles Fourier erst 1947 veröffentlicht.

Die Stadt als strategischer Ort

1 Walter Benjamin: *Das Passagen-Werk.* Frankfurt am Main: Suhrkamp Verlag, 1996. GS V.2, S. 860.

2 Walter Benjamin: *Das Passagen-Werk.* GS V.1, S. 202. [Wörtliches Fourier-Zitat: „travail non salarié mais passionné" („unbezahlte, aber leidenschaftliche Arbeit").]

3 Ebd., S. 199.

4 Ebd., S. 184.

5 Ebd., S. 205.

6 Ebd., S. 857.

7 Ebd., S. 870.

8 Ebd., S. 199.

9 Ebd., S. 856 und 857.

10 Ebd., S. 871.

11 Ebd., S. 191f. [Das Zitat stammt aus Lucien Dubech/Pierre d'Espezel: *Histoire de Paris.* Paris: Payot, 1926.]

12 Siehe Ebd., S. 202. [Benjamin zitiert aus: Gustav Mayer: *Friedrich Engels. Eine Biographie in zwei Bänden.* Erster Band: *Friedrich Engels in seiner Frühzeit.* 2. Auflage, Berlin, Ullstein 1933, S. 265.]

13 Ebd., S. 182.

14 Ebd., S. 203. Dies ist eine Passage aus Gustave Geffroy: *L'Enfermé* (Paris 1897), eine Biographie von Louis-Auguste Blanqui, eine von Benjamin oft zitierte Quelle.

15 Ebd., S. 202.

16 Ebd., S. 205.

17 Ebd., S. 874.

18 Ebd., S. 202.

19 Ebd., S. 189.

20 Ebd., S. 210.

21 Ebd., S. 188. [Original französisch: *artiste-démolisseur*]

22 Ebd., S. 187.

23 Ebd., S.207f. [Victor Fournel: *Paris nouveau et Paris futur.* 2. Auflage, Paris, 1868.]

24 Ebd., S. 189.

25 Ebd., S. 193.

26 Le Corbusier: *Urbanisme.* Paris, 1925 (deutsch: *Städtebau.* Berlin-Leipzig: Deutsche Verlagsanstalt, 1929).

27 Ebd., S. 190; basierend auf einem anonymen Werk, *Paris désert. Lamentations d'un Jérémie haussmannisé.* 1868.

28 Ebd., u. a. S. 184, 188, 192, 195–196.

29 Ebd., S. 192.

30 Ebd., S. 201.

31 Ebd., S. 208.

32 Ebd., S. 184.

33 Ebd., S. 185.

34 Ebd., S. 181.

35 Ebd., S. 205. Zum komplexen Verhältnis des Benjaminschen Denkens zur Figur Blanquis verweise ich auf Miguel Abensours bemerkenswerten Aufsatz *Walter Benjamin entre mélancolie et révolution. Passages Blanqui.* In: H. Wismann: *Walter Benjamin et Paris,* Paris: Cerf, 1986.

36 Ebd., S. 196. Nach einem Artikel von Th. Schulte über Daumier in der *Neuen Zeit,* der Zeitschrift der deutschen Sozialisten.

37 Ebd., S. 194.

38 Ebd., S. 189.

39 Ebd., S. 199.

40 Ebd., S. 195f.

41 Gisèle Freund (1908–2000): Deutsche Fotografin im Pariser Exil, marxistische Historikerin der Fotografie, enge Freundin von Walter Benjamin.

42 Walter Benjamin: *Das Passagen-Werk.* GS V.1, S. 191.

43 Ebd., S. 180.

44 Ebd., S. 198.

45 Ebd., S. 193.

46 Ebd., S. 206.

47 Ebd., S. 179.

48 Walter Benjamin: *Paris, die Hauptstadt des XIX. Jahrhunderts.* In: *Das Passagen-Werk.* GS V.1., S. 56 u. 57. In diesem Aufsatz stützt sich der Abschnitt „Haussmann oder die Barrikaden" stark auf Material aus dem *Passagen-Werk.*

49 Ebd., S. 208.

50 Ebd., S. 204.

51 GS V.2, S. 950.
52 Ebd., S. 952.
53 Ebd., S. 954.
54 Ebd., S. 949.
55 Ebd., S. 954
56 Ebd. S. 952. (dt.: Rettet das Volk, rettet euch selbst, wie es eure Väter gemacht haben, durch die Revolution.)
57 Ebd. S. 955.
58 Walter Benjamin: *Paris, die Hauptstadt des XIX. Jahrhunderts.* GS V.1, S. 58.
59 Arthur Rimbaud: *Die Hände Jeanne-Maries.* In: Arthur Rimbaud: *Sämtliche Werke.* Französisch und Deutsch. Leipzig: Insel-Verlag 1976, S. 105–109, hier S. 107 u. 109. Übertragen von Sigmar Löffler. Benjamin zitiert Rimbaud aus dem französischen Original, in: GS V.2, S. 950, indem er den Artikel von Louis Aragon: *D'Alfred de Vigny à Avdeenko. Les écrivains dans les Soviets.* In: *Commune,* 2, April 1920, S. 815 zitiert.
60 Walter Benjamin: *Das Passagen-Werk.* GS V.2, S. 951.
61 Walter Benjamin: Das Passagen-Werk. GS V.1, S. 118.

Theologie und Antifaschismus bei Walter Benjamin

1 Walter Benjamin: *Theorien des deutschen Faschismus. Zu der Sammelschrift „Krieg und Krieger". Herausgegeben von Ernst Jünger.* GS III, S. 250.
2 Walter Benjamin: *Über den Begriff der Geschichte.* GS I.3, S. 1244.
3 Walter Benjamin: *Gesammelte Briefe VI,* S. 148.
4 Ein Beispiel für das, was Benjamin als Verrat am antifaschistischen Kampf empfand: Im Juli 1939 verabschiedete das Zentralkomitee der KPD eine Entschließung, in der es zwar seine Gegnerschaft zu Hitler bekräftigte, aber „den Nichtangriffspakt zwischen der Sowjetunion und Deutschland" begrüßte und „die Entwicklung der wirtschaftlichen Beziehungen zur UdSSR im Geiste einer aufrichtigen und vorbehaltlosen Freundschaft zwischen beiden Ländern" forderte! (Ab 1938 taucht auch eine theologische Dimension – die in seinen Jugendschriften sehr präsent war – in seinem Werk wieder auf und durchdringt seine antifaschistischen Überlegungen, die jedoch nicht aufhören, sich auf den Marxschen historischen Materialismus zu beziehen. Vgl. Theo Pirker (Hrsg.): *Utopie und Mythos der Weltrevolution. Zur Geschichte der Komintern 1920–1940.* München: dtv, 1964, S. 286.)

5 Ganz zu schweigen von Leo Trotzki, der von seinem mexikanischen Exil aus den Pakt als echten „Verrat“ anprangerte, der Stalin zu „Hitlers neuem Freund“ und zu seinem „Quartiermeister“ (Rohstofflieferanten) gemacht habe. Siehe seine Artikel vom 2. bis zum 4. September 1939 in: Leo Trotzki: *Schriften 1. Sowjetgesellschaft und stalinistische Diktatur, Bd. 1.2 (1936–1940).* Herausgegeben von Helmut Dahmer, Rudolf Segall und Reiner Tosstorff. Hamburg: Rasch und Röhring Verlag, 1988, S. 1256-1264.

6 Walter Benjamin: *Eine Chronik der deutschen Arbeitslosen.* GS III, S. 534f. u. 535.

7 Siehe Chrissoula Kambas: *Wider den „Geist der Zeit. Die antifaschistische Politik Fritz Liebs und Walter Benjamins.* In: Jacob Taubes (Hrsg.): *Der Fürst dieser Welt. Carl Schmitt und die Folgen.* München u.a.: Wilhelm Fink Verlag, Verlag Ferdinand Schöningh, 1983, S. 285f. Lieb und Benjamin teilten die Überzeugung, man müsse dem Faschismus mit Waffen widerstehen.

8 Rolf Tiedemann: *Historischer Materialismus oder politischer Messianismus? Politische Gehalte in der Geschichtsphilosophie Walter Benjamins.* In: Peter Bulthaup (Hrsg.): *Materialien zu Benjamins Thesen „Über den Begriff der Geschichte“. Beiträge und Interpretationen.* Frankfurt am Main: Suhrkamp Verlag, 1975, S. 77–121, hier S. 93f.

9 Walter Benjamin: *Notes sur les Tableaux parisiens de Baudelaire* (1939). GS I.2, S. 748. [Im Original Französisch.]

10 Edgar Allan Poe: *Maelzels Schach-Spieler.* In: Edgar Allan Poe: *Der Rabe. Gedichte und Essays.* Aus dem Amerikanischen von Arno Schmidt, Hans Wollschläger, Friedrich Polakovics und Ursula Wernicke. Zürich: Haffmans Verlag, 1994, S. 367f., 382 u. 374. (Originaltitel: *Maelzel's Chess Player,* 1836.)

11 Ebd., S. 366.

12 Rolf Tiedemann: *Dialektik im Stillstand. Versuche zum Spätwerk Walter Benjamins.* Frankfurt am Main: Suhrkamp Verlag, 1983, S. 118.

13 Walter Benjamin: *Über den Begriff der Geschichte.* GS I. 3, S. 1235.

14 Die Aufsätze von G. Kaiser (dort S. 44), K. Greffrath (S. 209) und H.-D. Kittsteiner (S. 37) finden sich in Peter Bulthaup (Hrsg.): *Materialien zu Benjamins Thesen „Über den Begriff der Geschichte“, Beiträge und Interpretationen.* Frankfurt am Main: Suhrkamp Verlag, 1975.

15 Walter Benjamin: *Über den Begriff der Geschichte,* GS I.2, S. 694.

16 Für den Chassidismus, so Buber, will Gott die Erlösung nicht ohne die Mitwirkung der Menschen: Den menschlichen Generationen ist eine „mitwirkende Kraft“, eine messianische Kraft, die wirkt, verliehen worden. M. Buber: *Die Chassidischen Bücher.* Berlin: Schocken Verlag, 1927, S. XXIII, XXVI, XXVII.

17 Jürgen Habermas: *Bewußtmachende oder rettende Kritik. Die Aktualität Walter Benjamins* (1972). In: Jürgen Habermas: *Politik, Kunst, Religion. Essays über zeitgenössische Philosophen.* Stuttgart: Verlag Philipp Reclam jun., 1978, S. 58.

Die Sicht der Besiegten in der Geschichte Lateinamerikas

1 Friedrich Nietzsche: *Unzeitgemäße Betrachtungen II. Vom Nutzen und Nachteil der Historie für das Leben.* In: *Kritische Studienausgabe.* Herausgegeben von Giorgio Colli und Mazzino Montinari. Berlin, München: dtv/de Gruyter, 1988, Bd. 1, S. 264.

2 Walter Benjamin: *Bücher, die übersetzt werden sollten.* GS III, S. 180–181.

3 Juan B. Justo: *Teoria y Practica de la Historia* (1909), Buenos Aires, Ed. Libera, 1969, S. 136.

4 José Carlos Mariátegui: *Sieben Versuche, die peruanische Wirklichkeit zu verstehen.* Mit einer Einleitung von Kuno Füssel u. einem Nachwort von Wolfgang Fritz Haug. Berlin: Argument Verlag, Freiburg (Schweiz): Edition Exodus, 1986, S. 17.

5 Ebd., S. 51.

6 Eduardo Galeano: *Les veines ouvertes de l'Amérique latine,* fr. übertragen von Claude Couffon, Paris: Verlag Plon, „Terre humaine“, 1981.

7 Eduardo Galeano: *Die offenen Adern Lateinamerikas. Die Geschichte eines Kontinents von der Entdeckung bis zur Gegenwart.* Aus dem Spanischen von Leo Halpern. Wuppertal: Peter Hammer Verlag, 4. Aufl., 1985, S. 17.

8 Eduardo Galeano: *Der blaue Tiger und das gelobte Land.* In: Guiomar Ciapuscio/Joachim Möller: *Die Antwort der Verlierer auf die Jubelfeiern der Sieger anläßlich der 500. Wiederkehr der Eroberung Amerikas. Materialiensammlung zu Gedenkkampagnen und -positionen aus Lateinamerika und Europa.* Bielefeld: Oberstufen-Kolleg des Landes Nordrhein-Westfalen an der Universität Bielefeld, 1992, S. 5–6.

9 *La Documentation catholique,* Nr. 1884, November 1984, S. 1076–1078.

10 *Culture et foi,* Nr. 130-131, Sommer 1989, S. 17–18.
11 Gustavo Gutierrez: *Gott oder das Gold. Der befreiende Weg des Bartolomé de Las Casas.* Freiburg i. Br./Wien: Herder, 1990. (*Dios o el oro en las India: siglo XVI.* Instituto Bartolomé de Las Casas, Lima, 1989)
12 Gustavo Gutierrez: *Vers le Cinquième.* In: *1492-1992. 500 ans d'Evangélisation.* Comité Épiscopal France-Amérique Latine, 1990, S. 59–61.
13 CEHILA: *Déclaration de Santo Domingo.* In: *1492-1992. 500 ans de l'Évangelisation,* S. 52–54.
14 *500 años de Resistencia Indigena y Popular. ALAI,* Nr. 121, 1989.
15 Ich habe es in meinem Buch *Walter Benjamin: Avertissement d'incendie. Une lecture des thèses „Sur le concept d'histoire"* veröffentlicht. 2. Aufl., Paris: L'éclat, „l'éclat/poche", 2018, S. 170.
16 Walter Benjamin: *Über den Begriff der Geschichte,* GS I.2, S. 702.

Die Revolution ist die Notbremse

1 Walter Benjamin: *Einbahnstraße.* GS IV.1, S. 101.
2 Ebd., S. 122.
3 Walter Benjamin: *Der Sürrealismus. Die letzte Momentaufnahme der europäischen Intelligenz.* GS II.1, S. 308.
4 Walter Benjamin: *Paris, die Hauptstadt des XIX. Jahrhunderts.* GS, V.18, 1996, S. 47.
5 Walter Benjamin: *Johann Jakob Bachofen* (1935). GS II.1, S. 220–230. [A.d.Ü.: Eigene Übersetzung, im Original Französisch.]
6 Walter Benjamin: *Das Passagen-Werk.* GS V.1, S. 456.
7 Ebd.
8 Walter Benjamin: *Über den Begriff der Geschichte.* GS I.2, S. 699.
9 Ebd.
10 Walter Benjamin: *Über den Begriff der Geschichte.* GS 1.3, S. 1232.
11 Walter Benjamin: *Einbahnstraße.* GS IV.1, S. 122.

Drucknachweise

Kapitalismus als Religion. Walter Benjamin und Max Weber. Erstmals veröffentlicht in: Raisons politiques, Nr. 23, August 2006.

Ein historischer Materialismus mit romantischem Einschlag. Walter Benjamin und Karl Marx. Erstveröffentlichung in: Walter Benjamin and Marx. Monthly Review 46, Nr. 9, Februar 1995.

Wahlverwandtschaften. Walter Benjamin und Gershom Scholem. Erste Veröffentlichung in: Walter Benjamin, herausgegeben von Patricia Lavelle, Cahier de l'Herne, Nr. 104, 2013, S. 309–313.

Walter Benjamin und der Anarchismus. Erstveröffentlichung in: L'anarchie et le problème du politique, herausgegeben von Alfredo Gómez-Muller, Karéline Archives, 2014.

Die chemische Hochzeit der beiden Materialismen. Walter Benjamin und der Surrealismus. Erste Veröffentlichung: Walter Benjamin et le surréalisme. In: Anthropology & Materialism [online], 1/2013.

Die Stadt als strategischer Ort der Konfrontation der Klassen. Aufstände, Barrikaden und die Haussmannisierung von Paris im Passagen-Werk. Zuerst veröffentlicht in: Philippe Simay (Hrsg.): Capitales de la modernité. Walter Benjamin et la ville. Paris: Éditions de l'éclat, 2005.

Theologie und Antifaschismus bei Walter Benjamin. Erstveröffentlichung.

Drucknachweise

Die Sicht der Besiegten in der Geschichte Lateinamerikas. Methodische Überlegungen auf der Grundlage von Walter Benjamin. Zuerst veröffentlicht in Philippe Simay (Hrsg.): Walter Benjamin, la tradition des vaincus, Cahiers d'anthropologie sociale, Paris: L'Herne, 2008.

Die Revolution ist die Notbremse. Die politisch-ökologische Aktualität von Walter Benjamin. Veröffentlicht unter dem Titel: Walter Benjamin, précurseur de l'écosocialisme (Vorläufer des Ökosozialismus). In: Cahiers d'Histoire, 130/2016, S.33–39.

Alexander v. Brünneck,
Horst Dreier & Michael Wildt
ad Ernst Fraenkel
Der Doppelstaat
112 Seiten, Klappenbroschur
ISBN 978-3-86393-113-1
Auch als E-Book erhältlich,
ISBN 978-3-86393-569-6

Vincent von Wroblewsky
ad Jean-Paul Sartre
Zur Freiheit verurteilt
205 Seiten, Klappenbroschur
ISBN 978-3-86393-131-5
Auch als E-Book erhältlich,
ISBN 978-3-86393-589-4

Alfons Söllner
ad Hannah Arendt
Elemente und Ursprünge
totaler Herrschaft
118 Seiten, Klappenbroschur
ISBN 978-3-86393-117-9
Auch als E-Book erhältlich,
ISBN 978-3-86393-575-7

www.europaeischeverlagsanstalt.de

Micha Brumlik
ad Ernst Bloch
Naturrecht und menschliche Würde
90 Seiten, Klappenbroschur
ISBN 978-3-86393-134-6
Auch als E-Book erhältlich,
ISBN 978-3-86393-592-4

Richard Faber
ad Jacob Taubes
Historischer und politischer Theologe, moderner Gnostiker
142 Seiten, Klappenbroschur
ISBN 978-3-86393-126-1
Auch als E-Book erhältlich,
ISBN 978-3-86393-585-6

Werner Renz
ad Hannah Arendt
Eichmann in Jerusalem
Die Kontroverse um den Bericht »von der Banalität des Bösen«
191 Seiten, Klappenbroschur
ISBN 978-3-86393-125-4
Auch als E-Book erhältlich,
ISBN 978-3-86393-584-9